Günter Jursch

Die Depression: Krankheit oder Notbremse?

Zweite überarbeitete und erweiterte Auflage

Günter Jursch

Die Depression:
Krankheit oder Notbremse

Hintergründe und Auswege

Zweite erweiterte Auflage

Überarbeitete und erweiterte Zweitauflage März 2011-
03-10

Herstellung und Verlag:
Books on Demand GmbH

Umschlagentwurf:
Rolf Dressler
web@o-design.de

©2011 Günter Jursch
www.jursch.eu

ISBN 978-3-8423-9522-0

Für Friederike

INHALTSVERZEICHNIS

Es gibt zwei Wege aus der Dunkelheit:
Entweder du machst Licht, dort, wo du bist,
oder du gehst hinaus in die Sonne.
(Sprichwort)

VORWORT ZUR ZWEITEN AUFLAGE

In dieser erheblich erweiterten Auflage ist eine meiner Arbeitsweisen Schritt für Schritt anschaulich beschrieben. Sie wird mit entsprechenden Grafiken dargestellt.

Das gesamte Umfeld der depressiven Verstimmung ist weit gefasst: Neben erzieherischen Belastungen werden klimatische Einflüsse, hormonelle Steuerungen, Ernährung, Bewegung und insbesondere bewusste und unbewusste Schlussfolgerungen und Entscheidungen betrachtet.

Hinzu gekommen sind zusätzliche Kapitel über die sogenannten Krankheitsgewinne, über unsere Selbstheil-Organisation und anderes mehr. Das ist sinnvoll, weil oft eine heimliche Verbindung zwischen Krankheiten und Depressionen besteht.

Gleich geblieben ist das Ziel, den Bereich der körperlich-seelischen Vernetzungen und das Umfeld der Leidenden aus ganz verschiedenen Blickwinkeln zu betrachten. Dabei werden auch die Vorteile der Depressionen in Betracht gezogen. Bei der Entwicklung der Schwermut und vieler anderer Belastungen vertrete ich den Standpunkt, dass es sich oft um Probleme handelt, die aufgrund der Erziehung entstanden sind. Denn es gibt zum einen eine offizielle Erziehung und zum anderen eine verdeckte. Ein Kind anzuleiten, um ihm ein gesundes und angenehmes Leben zu ermöglichen, ist das Ziel unseres Erziehungsideals. Körperliche Ertüchtigung wird unterstützt, Spaß an Spiel und Entdeckungen wird gefördert, technische, handwerkliche, künstlerische, geistige und andere Kenntnisse werden vermittelt. Das ist die Seite der offiziellen Erziehung.

Die andere Seite ist die verdeckte Erziehung. Sie hat andere Ziele. Hier werden unterschwellig Bremsen eingebaut, um Gehorsam zu erzwingen, ja sogar, um auf bestimmten Gebieten den bewussten Verstand auszuschalten. Leider werden dadurch im Übermaß Hemmungen gesetzt, die Wohlbefinden, Einfallsreichtum, Erfolg und Freiheit begrenzen. Entspannung, Ruhepausen und Vergnügungen werden unnötig eingeschränkt. Geistige Freiheit wird behindert, Mut, Leistungsfähigkeit, Lust und Freude werden gebremst. Überdruss, Passivität und die Neigung, krank zu sein, werden gefördert. Bemühungen, die Lebensqualität zu steigern, werden unbewusst aber gerade deshalb besonders wirksam sabotiert.

Im Erwachsenenalter gelerntes günstigeres Verhalten kann nur vorübergehend und mit Mühe frühere Programme in Schach halten. Und oft genug gelingt es gar nicht. Es sei denn, man besitzt den Schlüssel zu diesem Geheimfach.

Sobald ein ungünstiges Verhalten programmiert ist, taucht es in Stresssituationen auf und beeinflusst unser Fühlen und Denken. Damit auch unser Tun. Eine Stresssituation haben wir bei jeder Alarmreaktion. Das ist natürlich und meist hilfreich, wenn wir gleich etwas Sinnvolles unternehmen, um Gefahr abzuwenden. Wenn wir das aber **nicht** tun, leiden wir unter schädlichem Stress.

Das ist vergleichbar damit, dass von einer Alarmanlage bei Gefahr ein schriller, übermäßig lauter Ton ausgelöst wird. Wenn ich nichts tue, um die Ursache der Gefahr zu beseitigen, stört mich dieser Ton beim Schlafen und Wachen, beim Essen, beim Schachspiel, bei der Liebe. Wenn ich viel Alkohol trinke, stört mich der Ton weniger. Allerdings wird das Problem dadurch eher größer. Eine akzeptable Lebensqualität scheint unerreichbar zu sein.

Je stärker der Stress ist, desto ältere Programme übernehmen das Kommando. Programme, die in früher Kindheit festgelegt wurden. In ganz extremen Situationen übernimmt sogar ein genetisches, ein geerbtes Programm die Leitung. Das kann zu hemmungslosen Reaktionen führen, zu sinnloser Verwüstung, Mord und Totschlag.

Auch ein extremes Hochgefühl oder Rausch bedeuten Stress. Im Extremfall kann auch dadurch der Drang geweckt werden, uralten Programmen das Steuer zu überlassen.

**Wenn solche Dränge drohen,
zu gefährlich zu werden,
bedeutet Passivität die Rettung.**

Eine solche Passivität (auch die spezifische Passivität, die später beschrieben wird) gibt es regelmäßig in einer depressiven Phase. Der zerstörerische Drang wird dem Betroffenen dabei in der Regel nur selten bewusst. Das Wissen darum wird auch oft unterdrückt, weil ein normaler Mensch eigentlich ja keine zerstörerischen Antriebe haben sollte. Auch depressive Phasen sollte er nicht haben. Demgegenüber steht meine zugegebenermaßen etwas bissige Aussage:

„Ein erwachsener Mensch, der niemals eine depressive Phase hatte, hat entweder keinen Verstand oder kein Herz!"

Wenn wir ein Programm hinzufügen wollen, muss zunächst eine neue Entscheidung mit kühlem Kopf getroffen werden, indem wir in Wörtern, Grafiken, Zahlen oder Symbolen denken, um eine günstigere Entscheidung zu treffen.

Bei einer Neuentscheidung für eine ältere Erstentscheidung sind neben dem kühlen Kopf auch das heiße Herz und der animalische Bauch zu beteiligen. Denn es müssen tiefe Schichten unserer Persönlichkeit verändert werden, und zwar **nicht**, dem man etwas abschafft, sondern indem man eine angenehmere Alternative, eine zusätzliche Wahlmöglichkeit, in ein altes zu einseitiges Programm einführt.

Es handelt sich hier also um keine ärztliche Behandlung, sondern um eine „zusätzliche Vernetzung" durch das Schaffen einer weiteren Wahlmöglichkeit. Diese zweite Spur wird in die bisher einspurige Vernetzung von Fühlen, Denken und Tun eingeführt.

Statt einer Wortwahl wie „Kopf-Herz-Bauch" kann man natürlich auch von „Denken, verbunden mit bewusster Wahrnehmung unter Einbeziehung von Emotionen und Körperreaktionen" sprechen. Diese Gefühle und Körperreaktionen müssen bei der später näher beschriebenen Methode ernst genommen und verarbeitet werden.

Die überschießende Bremsung, die so bedrückende Passivität bei Depressionen, ist vorsichtig, nur Schritt für Schritt, abzubauen. Diese Hemmung hatte früher auch einen positiven Zweck. Sie hat ihn in vielen Fällen noch heute.

In diesem Buch habe ich Fachausdrücke so weit wie möglich vermieden. In manchen Fällen habe ich das Wort „**nicht**" fett gedruckt. Da wir unbewusst Verneinungen leicht vergessen oder überlesen, hielt ich das für angebracht, wo ich sicher gehen wollte, dass die Verneinung auch ankommt. Noch ein Kommentar zu meiner Wortwahl. Richtig wäre, wenn ich immer schreiben würde „Kursteilnehmerinnen und Kursteilnehmer". Meistens verzichte ich der leichteren Lesbarkeit halber auf diese umständliche Form und bitte Leserinnen und Leser vorauszusetzen, dass sowohl Frauen als auch Männer gemeint sind.

FORMEN VON DEPRESSIONEN

Es ist offensichtlich, dass Depressionen und belastende Stimmungen bei verschiedenen Menschen unterschiedlich ausgeprägt sind. Wenn es
sich darum handelt, die Lage von Personen auf
diesem Leidensweg zu verbessern, wäre es günstig, die Ursache rasch zu erkennen. Die Belastungen sollten beseitigt werden. Wenn das nicht
möglich ist, sollte zunächst die depressive Phase
wenigstens erträglich gestaltet werden. Dies erscheint angebracht, weil sich in den Industrieländern Bedrücktheit zu einer Volkskrankheit entwickelt hat.

Nach einer Meldung im SPIEGEL (17/2005) kos-
tete die Behandlung von Depressionen in den
USA jährlich 44 Milliarden Dollar, das ist mehr
als für jede andere Krankheit ausgegeben wurde.
In Deutschland sind die Ausgaben niedriger, aber
doch bedeutend: Im Jahre 2002 lagen sie beispielsweise bei vier Milliarden Euro.

Aus Gründen einseitiger Gewinnsteigerung wäre
es sowohl für die Pharmaindustrie als auch für
verschiedene Berufe günstig, wenn Depressionen
nicht zu schnell geheilt werden. Schnelle Heilung
würde ja finanzielle Nachteile für diese Kreise

bedeuten. Erfreulicherweise ist die Erhöhung des Gewinns für die meisten Menschen nicht das einzige Ziel ihrer beruflichen Tätigkeit.

Früher unterschied man zwischen endogener (im Körper selbst entstandener) und reaktiver (durch äußere Umstände ausgelöster) Depression und der manisch-depressiven Krankheit. Letztere wird heute „bipolare Krankheit" genannt und wird meist als endogen betrachtet.

Hier ist vorstellbar, dass die Überlastung in der manischen Phase, den Abschnitt ungebremsten Betätigungsdranges, die Gesundheit und das Leben der Person bedroht. Die Passivität, diese unerfreuliche, aber auch schützende Unlust, etwas zu tun, lastet so lange auf diesem Menschen, bis eine unmittelbare Gefahr zunächst beseitigt ist. Allerdings sind dann auch wieder Energien frei für den nächsten Tätigkeitsrausch. Bei dieser Störung treten eben wechselnd hemmungslose Aktivität und bedrückende Tatenlosigkeit auf.

Später werden weitere Kategorien beschrieben, und im Internet kann man weitere Klassifizierungen finden, beispielsweise bei Wikipedia.

Für die praktische Arbeit ist es das Wichtigste, den Zustand rasch erträglich zu gestalten und möglichst ohne Medikamente zu beenden. Allerdings wäre es voreilig, jede depressive Phase sofort mit allen Mitteln zu bekämpfen, sondern es ist notwendig, immer auch die Vorteile der Depression im Auge zu behalten. Deshalb muss eine Sicherheit eingebaut werden, die greift, sobald der Zustand der Tatenlosigkeit zurückgeht.

Eine Neigung zu Schwermut, zu Depression kann angeboren sein. Da wäre einmal ein genetischer Faktor (oder mehrere) und zum anderen ein erlernter Faktor, der in manchen Fällen schon im Mutterleib gebildet wird. Solche Lernprozesse, man kann auch von Programmierungen sprechen, sind nicht bewusst. Beide Antriebe, der ererbte und der im Mutterleib erworbene, bestehen schon vor der Geburt. Für die Behandlung kann es aber doch große Unterschiede geben.

Eine unbewusste Programmierung, die eine starke Depressions-Neigung hervorruft, könnte beispielsweise durch folgende Umstände hervorgerufen worden sein: Während der Schwangerschaft verschwindet der Vater. Die werdende Mutter steht unter großer Belastung und in ihrem Blutkreislauf, an den der Fetus ja indirekt angeschlossen ist, zirkulieren Hormone, die negative Einstellungen anregen. Glückshormone fehlen. Auch Spannungen und Verkrampfungen der Muskulatur der Mutter wirken auf das Ungeborene ein.

Belastende Vernetzungen ergeben sich ferner nach der Geburt, wenn das Baby Muttermilch bekommt, die von einer Mutter stammt, welche einen besonders starken so genannten „Baby Blues" hat, also eine depressive Phase, die etwa drei Tage nach der Geburt einsetzt. Denn auch die Muttermilch ist betroffen. Diese Milch ist anders als die von wenig belasteten Müttern, zum Beispiel ist der Gehalt an Glückshormonen ungenügend. Das führt zu den Veränderungen, die später im Kapitel „Depression und Hormone" aufgezeigt werden.

Eine Programmierung aufgrund eines Einflusses im Mutterleib wäre mit einem Keimling vergleichbar. Was daraus entsteht, hängt von vielen weiteren Umwelteinflüssen und Entscheidungen ab, die die Person später trifft. Eine Neigung zu depressivem Verhalten kann, wie erwähnt, bereits durch bedrückende Umstände der Mutter während der Schwangerschaft vorgeformt werden. Auch Abtreibungsversuche der Mutter können eine große Rolle spielen.

In den ersten Lebensjahren gibt es weitere mögliche Festlegungen für ein depressives Verhalten. Nehmen wir als Beispiel, dass ein Baby zu wenig Zuwendung bekommt, weil die Mutter zu viel arbeiten muss. Oder das Kind ist „zur Unzeit" gekommen. Die Mutter ist überfordert. Dem Kleinkind fehlt die Zuwendung, die es braucht. Das Kind wird vom Vater schlecht behandelt, weil er finanzielle Schwierigkeiten hat. Deshalb streiten sich die Eltern auch sehr oft. Manchmal wird das Kind auch als Konkurrent empfunden und unterschwellig bekämpft, ohne dass das deutlich wahrgenommen wird.

Allerdings ist eine solche Belastung, so schwer sie sein mag, nicht schon entscheidend für das ganze Leben. Es gibt Beispiele, dass gerade die Neigung zu depressivem Verhalten beim Kind in einem späteren Alter zu der Entscheidung führen kann, die in heutigem Sprachgebrauch ausgedrückt lauten würde: „Wenn ich aktiv bin, wenn ich wirklich etwas schaffe und dabei Erfolg habe, vermeide ich unangenehme Gefühle oder die entsetzliche Leere der Gefühllosigkeit." Solche Personen sind oft besonders erfolgreich. Depressionsgefährdet sind diese Personen nur dann, wenn über zu lange Zeit Aktivitäten behindert sind und Erfolge ausbleiben.

Die Anlage zu Depressionen wird nach meinen Erfahrungen in fast allen Fällen vor dem fünften Lebensjahr angelegt. Es kann aber sein, dass diese Schwermut erst durch ein Ereignis im vierzigsten Lebensjahr ausgelöst wird, beispielsweise durch beruflichen Misserfolg, Tod oder Trennung von einem Partner. Auch eine wirklich oder nur scheinbar ausweglose Situation kann diese negative Lawine entfesseln. Das passiert allerdings nur, wenn eine depressive Stimmung vorprogrammiert war. Hier ein simpler Vergleich: Wenn ich den Abzug einer Pistole betätige, passiert nur etwas, wenn die Pistole geladen war.

Jemand, der diese Zusammenhänge nicht sieht und nur die Ursache in dem Ereignis im vierzigsten Jahr bearbeitet, wird wenig Erfolg haben. Wenn durch eine Therapie ohne Verknüpfung mit der eigentlichen Ursache eine Heilung erzielt wurde, bleibt dieser Erfolg durch Rückfälle gefährdet. Es kann auch sein, dass anstelle eines erkennbaren Rückfalls eine Krankheit oder ein unwillkürlich verursachter Unfall die Funktion der Depression ersetzt. Man kann sagen, er ist absichtlich aber unbewusst verursacht worden.

Das Wort „Ursache" setzt sich eben zusammen aus UR (ursprünglich) und SACHE. Wir können uns das so vorstellen, dass in unserem Unterbewusstsein ein Speicher angelegt ist, in dem viele grundsätzliche Entscheidungen über Verhaltensweisen Schicht für Schicht festgehalten sind. Diese Programmierungen können zwar verändert werden, aber nur, wenn diese Veränderung mit einem Erleben verbunden ist, bei dem auch Gefühle und Körperrektionen eine wichtige Rolle sielen.

Um die Zusammenhänge leichter zu verstehen, stelle ich auf der folgenden Seite mein Entwicklungsmodell vor, ein Modell, in dem das Zusammenwirken von Körper, Seele und bewusstem Verstand berücksichtigt wird. Diese Grafik ist vereinfacht, aber gerade deshalb kann sie uns helfen, schnell Zusammenhänge zu erkennen.

EIN MODELL DER ENTWICKLUNG

Um das später dargestellte Beispiel einer Heilung zu verstehen, ist es günstig, ein vereinfachtes Modell vor Augen zu haben. Hier soll es die Bremsung von Heilungsmöglichkeiten verdeutlichen. Dies kann durch das grafische Modell leichter erreicht werden, als wenn der Sachverhalt nur durch Worte vermittelt würde. Nicht umsonst gibt es das Sprichwort: „Ein Bild sagt mehr als tausend Worte."

Bei diesem Modell wird klar, dass wir bei vielen Schwierigkeiten nicht von rein seelischen Krankheiten oder nur körperlichen Krankheiten sprechen können. Es handelt sich vielmehr um Programme mit negativen seelisch-körperlichen (psychosomatischen) Vernetzungen. Sie sind in erster Linie nachteilig, weil sie einseitig sind und weil oft die langfristigen Folgen des Verhaltens **nicht** in Betracht gezogen werden. Diese Vernetzungen müssen gelockert werden, damit Wohlbefinden oder Behagen wieder möglich ist. Man könnte sagen, dass der einseitig negativ vernetzte Bereich zu einem mehrseitig vernetzten Bereich gestaltet wurde. Durch die mehrseitige Vernetzung ergibt sich eine zusätzliche Wahlmöglichkeit mit langfristig positiven Folgen.

Zu psychosomatisch verursachten Beschwerden zähle ich neben Depressionen und Verhaltensstörungen auch viele ansteckende Krankheiten. Hier wird durch eine unbewusste seelische Bremsung des Immunsystems das Ausbreiten der Infektion ermöglicht oder die Krankheit übermäßig lange aufrechterhalten.

Die Bremsung spielt auch eine Rolle bei verschiedenen gutartigen und bösartigen Wucherungen wie Krebs. Diese werden vom Immunsystem zu spät oder zu schwach bekämpft. Die kämpferische Einstellung für Verteidigung und Wiederherstellung der Gesundheit ist zu schwach oder kommt so spät, dass eine Verteidigung der Gesundheit schon extrem schwierig oder sogar unmöglich ist. Die Erreger oder die Wucherungen haben schon zu viele Organe geschädigt.

Die Funktion des Immunsystems wird von einem negativen einseitigen Programm gebremst. Das kann schon in einem sehr frühen Stadium beginnen. In dieser Zeit wird bereits etwa durch Rauchen, Bewegungsmangel, nachteilige Essgewohnheiten usw. eine Grundlage für die Schwächung der Abwehrkraft des Körpers geschaffen. Die genannten schädlichen Gewohnheiten gehören oft zu dem unbewussten Ziel, Krankheit oder Behinderung herbeizuführen. Das Wohlbefinden wird somit vernachlässigt durch ein absichtliches, allerdings unbewusstes, Verhalten.

Auch Überreaktionen des Immunsystems sind gefährlich. Durch eine übertriebene Kampfbereitschaft können Allergien und andere sogenannte Autoimmunkrankheiten ausgelöst werden. Im Extremfall enden sie tödlich. Nicht eine Bremsung scheint dann das Problem, sondern eine Überaktivität. Die geht letzthin allerdings wieder auf eine Bremsung zurück: nämlich die Bremsung der Funktionen, die ein schädliches Überschießen von Immunfunktionen blockieren.

Einen Überblick gibt die nachfolgende Grafik.

DAS PSYCHOSOMATISCHE ENTWICKLUNGSMODELL

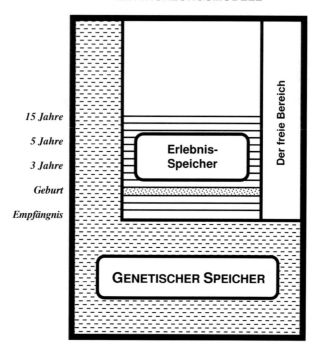

15 Jahre

5 Jahre

3 Jahre

Geburt

Empfängnis

Der freie Bereich

Erlebnis-Speicher

GENETISCHER SPEICHER

Hier sind in vereinfachter Form Funktionen unseres körperlich-seelisch-geistigen Systems dargestellt:

Der Genetische Speicher

Diese Zone ist die größte und schon vor der Befruchtung bestanden ihre Ausprägungen. Sie be-

26

gleiten uns bis zum Lebensende. Etwa die Hälfte geben wir an unsere Kinder weiter. Die andere Hälfte wird von der Partnerin/dem Partner beigesteuert. Diese Zone enthält viele Programme, die im Verlauf der Entwicklung aufgebaut wurden. Das Ziel ist, zu überleben, sich weiterzuentwickeln, sich gut an die Familie, die Gruppe und die Umwelt anzupassen, sich gegen Krankheiten zu wehren, Verletzungen zu heilen. Neue Erfahrungen sind zu machen, neuer Lebensraum ist zu erobern. Außerdem haben wir den Drang, uns zu vermehren, die Kinder lebenstüchtig aufzuziehen und erst danach zu sterben.

Der Genetische Speicher steuert weitgehend die Befruchtung und die Entwicklung im Mutterleib. Auch im weiteren Leben steuert er noch wichtige und auch anscheinend unwichtige Funktionen. Ein Beispiel für eine wichtige Funktion ist das Wachstum, für eine unwichtige (aus meiner Sicht) das Grauwerden der Haare.

Meines Wissens können mit psychologischen Methoden keine Änderungen im Genetischen Speicher erreicht werden.

Neben den genetischen gibt es auch epigenetische Programmierungen. Hier werden neue Programme, die durch Erlebnisse der Eltern oder Großeltern eingebracht wurden, für eine oder mehrere Generationen biochemisch weitergegeben. Mit der nachstehend beschriebenen Arbeit der erlaubenden Neuentscheidung kann das **nicht** verändert werden. Deshalb werden im Modell genetische und epigenetische Programme im Genetischen Speicher zusammengefasst, in dem eben Änderungen nach meinem Wissen durch psychologische Methoden derzeit unmöglich sind.

Jedoch ist eine Veränderung über einen Umweg möglich: Durch eine Neuentscheidung wird das Verhalten im Erlebnis-Speicher verändert, also die meist automatisch ablaufenden und nur teilweise bewussten Gewohnheiten der Ernährung, der Bewegung, der Gefühle, des Reagierens usw. Diese Gewohnheiten beeinflussen, wenn sie nützlich waren, im Laufe der Zeit die epigenetische Ausstattung und nach mehreren Generationen werden sie Teil des Genetischen Speichers. Wenn die epigenetischen Verhaltensweisen dagegen **nicht** erfolgreich waren, werden sie im Laufe der Zeit wieder gelöscht. Das kann allerdings mehrere Generationen dauern.

Zurück zum Genetischen Speicher. Er enthält beispielsweise die Farbe der Haare und der Augen.

Aber auch Körperreaktionen wie Muskelspannungen, Fluchtreflex, Kampfbereitschaft, Tränenfluss, Herzklopfen, Blutdruck, Schwitzen und vieles mehr ist programmiert. Das Gleiche gilt für die Möglichkeit von Gefühlsregungen wie Freude, Trauer, Wut, Angst, Erleichterung, Lustgefühle etc.

Ebenso festgelegt sind die Körperfunktionen von der Atmung bis zur Verdauung. Eine Selbstheil-Organisation für den Fall von Krankheiten und Unfällen steht ebenfalls bereit.

Bei den Gefühlsäußerungen gibt es wohl die Neigung, bei bestimmten Gefühlen oder Reaktionen zu bleiben, auch wenn diese schon überflüssig sind. Ein Beispiel: Das Baby weint vor Hunger noch eine Weile weiter, nachdem die Mutter bereits schon die Brust gereicht hat.

In einem solchen Fall scheint das Baby es vorzuziehen, vor Hunger zu weinen, statt seinen Hunger zu stillen.

Auch Verhaltensweisen wie Rassenhass, Herdentrieb, Gier, religiöser Fanatismus, Lust am Töten und Quälen sind im Genetischen Speicher enthalten. Das kann zu Wahnsinstaten führen, wenn die Kontrollen im Erlebnis-Speicher (überwiegend unbewusste Kontrollen) oder im freien Bereich (bewusste Kontrollen) zu schwach sind.

Hier ein Beispiel für ein genetisch programmiertes „rassistisches" Verhalten bei Hühnern. In einer Gruppe von Küken, die im Brutschrank ausgebrütet worden waren, wurden zweien von ihnen die Schnäbel blau angemalt. Daraufhin wurden sie von den anderen zu Tode gehackt. Interessant ist dabei, dass auch die mit einem blauen Schnabel aufeinander einhackten. Man hat den Eindruck, dass jedes der beiden überzeugt war, normal zu sein, einen gelben Schnabel zu haben.

Im Genetischen Speicher gibt es verschiedene Etappen vom Einzeller über die Amphibien bis zu den Menschen. Wir waren aus affenähnlichen Wesen hervorgegangen. Diese jagten oft in Gruppen, wie es Wölfe und Schimpansen tun. In einer solchen Meute wird bedingungslos dem Alphatier, dem Anführer, gefolgt: Jede Änderung des Hechelns des Anführers wird zum Signal, dem bedingungslos gehorcht wird.

Beim Menschen entspricht das der Lautstärke beim Befehlen und der Haltung, Gestik und

Kleidung (Uniformen, Prachtgewänder, Amtstrachten), auch Verlautbarungen und Flugblätter können durch Wortwahl und Bilder solche Wirkungen entfalten. Gesänge, Trommelschlag und kriegerische Marschmusik richten sich auch an diese Region unseres Gehirns.

Wenn die Anhänger einmal auf diesem Wege sind, spielen Intelligenz, Erziehung, Ehrgefühl, Achtung vor der Menschenwürde des Anderen keine Rolle. Wichtig ist nur, jedem Signal des Führers zu folgen. Vorauseilender Gehorsam führt zu Vorteilen und Anerkennung und außerdem auch zu einem guten Gefühl! Beim Militär gibt es dafür den Ausdruck: „Stolz über die freudig erfüllte Pflicht." Jeder Befehl des Anführers, jede Änderung im Tonfall, in der Lautstärke, in der Gestik ist wichtiger als das leise Unbehagen, wenn das Gewissen meldet, hier müsse man schweigen, wenn gebrüllt wird, oder wenn es mahnt, hier müsste man den Mund auftun, wenn die feige Rotte der Anhänger schweigt und Schweigen verlangt.

Der Vorteil des Meute-Verhaltens ist, dass Raubtiere, die in Gruppen auftreten, mehr Beute machen können. Sie können gemeinsam auch

31

Tiere überwältigen, die größer und stärker sind als sie selbst.

.

Bei Wolfsrudeln wurde beobachtet, dass Alphatiere (Leittiere) ein Führungspaar bilden, nämlich der männliche Rüde und die weibliche Fähe gleichzeitig. Sie tragen den Schwanz nach oben gerichtet. Die zweite Schicht, die Anhänger mit Rang, tragen den Schwanz halb-hoch, die ranglosen Tiere haben den Schwanz zwischen den Beinen. Im Volksmund heißt es wohl deshalb, jemand habe den „Schwanz eingezogen", wenn er einem Mächtigen zu schnell nachgegeben hat. Die Anhänger mit Rang sorgen auch dafür, dass die Unterklasse den Führungstieren gehorcht. Vergleichbare Dreiteilungen können wir auch bei menschlichen Gruppen beobachten.

Neben dem Meute-Schema gibt es auch das Schwarm-Verhalten. Ein Beispiel sind verschiedene Fischarten. Dort geht es meist nicht darum, Beute zu machen, sondern um Verteidigung gegen Angreifer. Einen einzelnen Anführer scheint es in Schwärmen nicht zu geben, sondern eine Gruppe von einigen Tieren, die gleichzeitig blitzartig die Richtungen ändern. Dieser Kursänderung folgen blitzschnell praktisch alle Mitglieder des Schwarms. Durch den geradezu tänzerischen

Reigen des Schwarms werden angreifende Raubtiere aus dem Konzept gebracht und das Jagen ist
mühseliger als auf einzelne Tiere. Auch Reste
eines Herdenverhaltens wie bei Rindern und Gnus
gibt es wohl noch in unserem genetischen Speicher..

Die weit ältere Schicht im Genetischen Speicher,
die der Amphibien, lässt sich so beschreiben:
Wenn diese Tiere jagen, nehmen sie keine
Rücksicht auf andere Lebewesen und wenig
Rücksicht auf die Mit-Amphibien. Das Rudel-
Verhalten ist sehr dürftig ausgebildet. Sogar auf
sich selbst nimmt die Amphibie recht wenig
Rücksicht. Dadurch wird viel Zeit gespart, die
Reaktionen sind blitzschnell und nur auf ein
einziges Ziel ausgerichtet. Manche Neurologen
sprechen von dem „Reptilien-Hirn", von dem es
noch Reste im menschlichen Zentralnervensystem
gibt.

Ein dem „Reptilien-Gehirn" entsprechendes
Verhalten kann manchmal bei Motorrad- und
Autofahrern beobachtet werden. Bei dem Fahrer
eines frisierten Mofas wurde einmal gemessen,
dass er mit einem Tempo von mehr als 100 km/h
über die Straßen preschte. Ich weiß natürlich
nicht, ob dieses unbedachte Verhalten wirklich

aus dem „Reptilien-Gehirn" kam, bin aber sicher, dass der gesunde Menschenverstand keinen nennenswerten Einfluss hatte.

Der Erlebnis-Speicher

Die Programme des Erlebnis-Speichers überlagern die Programme des Genetischen Speichers. Sie sind ja moderner, sind im persönlichen Leben programmiert. Das gilt für Körperreaktionen, Gefühle und Verhaltensweisen, deren Anwendung wir eben in unserem Leben nach und nach gespeichert haben. In extremen Situationen, wenn selbst die tiefsten Schichten des Erlebnis-Speichers keine Erleichterung bringen, greift unser System allerdings auf den Genetischen Speicher zurück. Manchmal ist das die Rettung und manchmal hat es fatale Folgen für diese Person und ihre Umgebung. Wir leben ja nicht mehr in der Umwelt, in der die Programme des Genetischen Speichers geschrieben wurden. Oder sich geschrieben haben?

Auch die weitgehend automatischen Reaktionen des Erlebnis-Speichers sind keineswegs immer harmlos. Sie sind im Moment der Reaktion nicht oder nur zu einem kleinen Teil bewusst. Die Verhaltensweisen des Erlebnis-Speichers ändern sich **nicht** automatisch, wenn zu einem nennenswert späteren Zeitpunkt eine bessere Verhaltensweise kennen gelernt wurde. Die alte Programmierung zeigt sich jedoch erst, wenn die Spannung gestiegen ist und ein moderneres, maßvolles Verhalten keinen Erfolg verspricht.

Ein Beispiel hierfür: Eine Sitzung im japanischen Parlament wurde im Fernsehen live übertragen. Die Stimmung wurde immer gespannter. Der Redner begann lauter zu sprechen, die Zurufe der Zuhörer wurden ebenfalls lauter. Dann standen einige Abgeordnete auf und schrien ihren Zorn hinaus. Als das auch nichts brachte, begannen einige Abgeordnete ihre Aktenbündel den Gegnern ihrer Partei auf den Kopf zu schlagen. Die wehrten sich und die Sitzung musste beendet werden.

Die Programmierungen des Erlebnis-Speichers sind nur schwer zu ändern. Ein spanisches Sprichwort zeigt den Widerstand gegen Veränderungen auf:

**Lo que con la leche se mama,
en la mortaja se derrama.**

Auf Deutsch:

**Was man mit der Muttermilch einsaugt,
breitet sich noch auf dem Leichentuch aus.**

Neue Verhaltensweisen werden auf Grund von Erfahrungen Schicht für Schicht darüber gelegt, die früheren aber damit **nicht** gelöscht. Das ist vergleichbar mit Ablagerungen (Sedimenten) am Grund von Seen oder Flüssen. Die frühere Ablagerung wird durch eine neue nur zugedeckt, bleibt aber weiter bestehen. Bei Bohrungen oder auch bei Naturkatastrophen können ganz alte Schichten wieder zum Vorschein kommen. Wenn wir das auf den Menschen übertragen, werden die Schichten beispielsweise durch Psychoanalyse, durch „Bohren", ans Licht gebracht. Entsprechend den Naturkatastrophen in unserem Beispiel kann auch so etwas ausgelöst werden durch extremen Stress, der auch durch überschäumende Lust und Freude entstehen kann.

Wenn auch die ältesten Programme des Erlebnis-Speichers keine Lösung bieten, kommt, wie gesagt, der manchmal recht brutale Genetische Speicher zum Zuge. Das kann dann die Stunde sinnloser Zerstörungen, schwerer Verletzungen, von Mord und von Totschlag sein.

Im Erlebnis-Speicher sind die Erlebnisse nicht in Worten, sondern in „Informationspaketen" archiviert. Sie sind in der folgenden Grafik als Schichten dargestellt. Es sind dort sowohl bewusste als auch unbewusste Erlebnisse gespeichert. Es werden jedoch nicht alle Sinneseindrücke gespeichert, sondern nur die, welche maßgebend sind. Grafisch kann man das so darstellen:

Erlebnis-Speicher

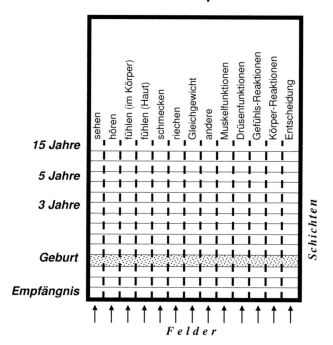

Bei einem Brand können beispielsweise folgende Felder zu einem Informationspaket verschnürt und festgehalten werden:

- Hören: Sirenentöne, Schreie, das Knistern des Feuers usw.

- Sehen: Haus, Flammen, Rauch, rennende Menschen

- Riechen: Rauch, brennendes Material, Angstgeruch der Menschen

- Hautwahrnehmungen+: Hitze und Schweiß

- Körper-Reaktionen: Herzklopfen, Atemnot, trockener Mund, Zittern, Muskelspannungen, Brechreiz, Drang, Absetzen von Urin und Kot

- Gefühls-Reaktionen: Angst, Mitleid mit verletzten Menschen

- Entscheidung: „Wenn ich solche Eindrücke wahrnehme, fliehe ich" (oder: hole ich Hilfe, versuche ich zu helfen usw.)

Hier möchte ich ein Beispiel erwähnen, das zeigt, wie stark Gerüche wirken können: Ich nahm an einem Kurs für Eisbahn-Rennrodeln teil. Als ich an den Start ging, wurde mir der Schutzhelm des vor mir gefahrenen Teilnehmers gereicht. Diesen Helm zu tragen war Vorschrift.

Von dem Gestank des Angstschweißes dieses Helms wurde mir regelrecht schlecht und ich musste mich sehr zusammennehmen, um mich nicht zu übergeben. Nur mit großem Widerwillen setzte ich diesen Helm auf (andere waren nicht verfügbar). Interessanterweise waren meine Reaktionen auf der Eisbahn am folgenden Tag erstklassig. Ich fuhr die zweitbeste Zeit ein, obgleich ich mehr als 20 Jahre älter war als die anderen Fahrer, von denen diesmal sechs geübte Fahrer waren. Anscheinend die wohltuende Seite der Angst, die bei mir durch den Geruch sehr verstärkt worden war.

Nach dem ersten Renntag hatte ich zudem in der Nacht wiederkehrende Angstträume, aus denen ich schweißgebadet erwachte. Immer wieder raste ich im Traum die Eisbahn hinab. Auch das wohl ein Training, das mein gutes Fahren am zweiten Tag begünstigte. Ich bin überzeugt, dass viele Träume als Trainingsprogramm wirken, allerdings ist die Sprache der Träume oft verschlüsselt, es werden in die Zukunft weisende „Informationspakete" geschnürt. Die Deutung kann entsprechend schwierig sein, es wird ja alles Material zusammengewürfelt, das in unseren Informationspaketen gerade zur Hand ist. Hier ist nun mein Rat: Betrachte schlechte Träume als gutes Training!

Zurück zu dem „Informationspaket" von einem Brand. In diesem Paket bleibt alles so gespeichert wie am Tag des Erlebnisses. Das heißt, wenn diese Person den Eindruck hatte, dass sie stirbt, stirbt sie in diesem Programm immer noch so lange, bis das Programm geändert wird. Dass das Kind seinerzeit lebendig aus der Sache herausgekommen ist, existiert **nicht** in diesem Paket. Die unmittelbare Angst, zu sterben, bleibt bestehen: Mit allen Stressreaktionen, die einer solchen Situation entsprechen! In der Therapie und im Coaching ist darauf zu achten, dass auch das positive Ende der seinerzeitigen Situation behandelt wird. Die Person vor uns lebt ja.

Wie das praktische Einführen eines guten Endes aussehen kann, beschreibe ich hier an einem schon in einer früheren Veröffentlichung erwähnten Fall, der besonders leicht war, weil es sich um eine Angst-Programmierung handelte, die in einem höheren Alter stattfand. Das Prinzip ist jedoch in allen Altersstufen entsprechend: Eine Klientin sagte mir, dass sie unter keinen Umständen in ein bestimmtes Alpental gehen würde. Nach einem intensiven Gespräch über die möglichen Ursachen antwortete sie: „In diesem Tal ist ein See, in dem ich beinahe ertrunken wäre. Ich konnte nicht schwimmen und war schon untergegangen, als ich ganz zuletzt eine Wurzel fassen konnte, an der ich mich hochzog."

Statt nun weiter dieses Tal und das Ufer des Sees zu meiden, schlug ich ihr vor, gerade an dieses Ufer zu gehen und sich zu sagen: „Hier war ich in Gefahr, zu ertrinken, und habe mich nach einem schwierigen Kampf im letzten Moment selbst aus dem Wasser gezogen. Das habe ich sehr gut gemacht." Als ich ihr das sagte, zeigte sie ein leichtes Aha-Lächeln. Sie tat es auch und ging seitdem sehr gern an diesen See. Gleichzeitig waren ihre Stressreaktionen auch in anderen Lebenslagen geringer geworden!

Bei einem aktuellen Erlebnis, das ein solches Informationspaket in die Nähe des Bewusstseins bringt, wird zunächst nur ein Teil des Paketes bewusst. Normalerweise werden nur die Gefühle und Körperreaktionen aktiviert, sodass sie bewusst werden können. Beim Hören einer Sirene wird beispielsweise nur das Gefühl der Angst ausgelöst. Dies führt zum Drang, um Hilfe zu schreien. Dieser Schrei wiederum wird oft gestoppt, weil man ja gut erzogen ist. Die Folge ist ein Kloß im Hals. Das ist alles, was wir zunächst bewusst aufnehmen.

Um an den Rest der fehlenden Erinnerungen zu kommen, ist es notwendig, Zeit, Mut, Offenheit und Geduld zu investieren. Sobald das ganze Informationspaket bewusst ist, kann eine neue Entscheidung getroffen werden, die das Gefühl der Angst und den Drang, zu schreien, auf ein normales Maß herabsetzt. Oft sind Techniken der Tiefentherapie notwendig, um an alle Informationen des Pakets zu kommen. Und manchmal gelingt es gar nicht. Deshalb muss dann beispielsweise auf Verhaltenstherapie zugegriffen werden.

Grundlegende Verhaltensweisen werden schon in der Kindheit gelernt und im Erlebnis-Speicher festgehalten, um die genetischen Reaktionen zu verfeinern und an die jetzige Lebensform anzupassen. Es sind sozusagen moderne Ausführungsbestimmungen. Im Falle einer Gefahr werden also nicht nur Kampf (Gefühl der Wut), Hilfeschreie und Flucht (Gefühl der Angst) oder Totstellen gewählt, sondern auch feinere Verteidigungstaktiken, wie Verbündete verpflichten, Vertuschen, Leugnen, Intrigen, Schuld auf andere schieben usw. Ansätze für diese Verhaltensweisen finden wir allerdings auch schon in der Tierwelt.

Eine automatische Änderung einer Reaktionsweise, eines Verhaltens, durch Lernen ist im Erlebnis-Speicher nur für zeitlich unmittelbar aufeinander folgende Verhaltensspeicherungen vorgesehen. Eine Änderung erfolgt jedoch nicht, wenn Lernprozesse zeitlich weiter auseinander liegen.

Im folgenden Beispiel nehmen wir ein Erlebnis aus der Kindheit. Die alte Verhaltensweise bleibt zunächst unverändert bestehen. Bei einem bestimmten Grad von Stress beginnt sie also auch, beim Erwachsenen das Denken, Fühlen und Tun zu steuern. Dadurch werden auch Körperreaktionen beeinflusst. Sprichwörtlich bekommt der Wütende oder der sich Schämende einen roten Kopf.

Durch bestimmte Techniken kann erfreulicherweise diese Steuerung gelockert werden. Dadurch werden neben Handlungsweisen eben auch Gefühle und Körperreaktionen nachhaltig verbessert. Eine erfolgreiche Methode ist die später dargestellte „erlaubende Neu-Entscheidung". Dort ist das Ziel, vorteilhaft für die infrage stehende Person zu sein. Auch die Umwelt ist davon meistens positiv betroffen. Diese neuen günstigeren Reaktionen stehen dann in einer entsprechend schwierigen Situation automatisch zur Verfügung.

Eine Neu-Entscheidung sollte möglichst in die Schicht des Lebensalters eingebracht werden, in der das nachteilige Programm der Erst-Entscheidung gespeichert ist. Solche Neu-Entscheidungen haben auch einen unmittelbaren Einfluss auf Körperreaktionen, die dem bewussten Denken **nicht** unterworfen sind. Beispiele dafür sind Schwitzen, Einnässen, blitzartiges Absetzen von Kot, Erbrechen usw. Wenn das alte Programm das Sagen hat, laufen Handlungen, die auch bewusst gesteuert werden könnten, weitgehend wie instinktiv automatisch ab.

Um sicherzustellen, dass diese neuen Reaktionen günstiger sind als die alten Programme, ist es erforderlich, bei der Neu-Entscheidung den nachstehend beschriebenen Freien Bereich einzuschalten. Eine weitere Sicherheit ist, dass nicht eine kategorische Vorschrift eingeführt wird, sondern die positive Verhaltensweise zusätzlich als erste Wahlmöglichkeit zur Verfügung steht. Ein Beispiel: Bei einer unerfreulichen Nachricht kann ich mich fragen: „Welche Vorteile könnte ich durch diese Situation haben?" Oder: „Was könnte ich retten?" Die zweite Wahlmöglichkeit wäre die ursprüngliche Programmierung, beispielsweise mit der Faust auf den Tisch zu schlagen und zu rufen: „Es ist doch alles Scheiße!", oder in sich zusammenzufallen und zu stöhnen: „Ich hab doch einfach immer Pech!"

Der Freie Bereich

Nachstehend ist noch einmal in verkürzter Form das Entwicklungsmodell abgebildet und die Position des Freien Bereichs besonders herausgestellt. Er ist der kleinste Bereich, weil sein Einfluss auf unsere Aktivitäten und unser Wohlbefinden sehr viel kleiner ist, als wir meistens glauben.

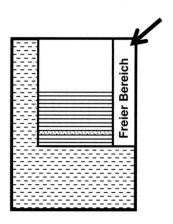

Erst wenn wir herausfinden, wie wenige Körperfunktionen, wie wenige Gefühle wir durch Vernunft und Willensstärke steuern können, verstehen wir, wie begrenzt dieser Bereich ist. Die genetischen Programme und Informationspakete wirken eben stärker als die Vernunft. Das gilt besonders bei Stresszuständen. Je stärker der Stress ist, desto geringer ist der Einfluss der Vernunft.

Oft genug entgehen uns sehr deutliche Gegensätze zwischen dem, was gesagt, und dem, was getan wird. Beispielsweise, dass eine religiöse Gemeinschaft ein bescheidenes Leben predigt, aber nicht genug tun kann an luxuriösem Aufwand für ihre geistlichen Führer, an kostspieligen Sommerresidenzen, an Palästen und überladen-prächtigen Gotteshäusern. Oder Gleichheit und Gerechtigkeit predigende Sozialisten stecken oft mehr Energie und Geld in ein monarchistisch anmutendes Gehabe, in Benzin fressende Luxusautos und teure, von Parks umgebene Villen, in ausgedehnte Jagden mit Hunderten sinnlos erschossener Tiere usw., als in eine vernünftige Wirtschaft, die sie neben einer fragwürdigen Gerechtigkeit ihren Anhängern versprechen. Fragwürdig ist sie, weil oft nicht deutlich gemacht wird, dass es totale Gerechtigkeit in der Natur, in der wir leben, nicht gibt.

Der Autor Richard David Precht beschreibt deshalb den Bereich, der in der Grafik als „Freier Bereich" bezeichnet wird und den wir oft als unser wahres ICH betrachten, als „eine ziemlich arme

Sau". Denn sein Einfluss ist, wie gesagt, weit geringer, als wir uns gemeinhin vorstellen.

Auf der anderen Seite ist dieser Bereich wohl das Brillanteste, was die Evolution hier auf der Erde hervorgebracht hat. Hier gibt es keine vorgefertigten Programme, sondern die Fähigkeit,

- Daten zu ordnen,
- zu lernen,
- neue Möglichkeiten des Lebens zu entdecken,
- etwas zu erfinden und das praktisch zu überprüfen,
- verschiedene Wahlmöglichkeiten auszudenken und zu überlegen, welches Verhalten in einer Situation sowohl sofort als auch langfristig voraussichtlich am günstigsten ist: die Güterabwägung (siehe nächsten Abschnitt),
- bewusst Entscheidungen zu fällen
- langfristige Ziele bewusst zu verfolgen, wenn nötig auch auf großen Umwegen, und
- die Möglichkeit, sich kurzfristig anders zu verhalten, als Gefühle und frühere Normen, Ausbildungen, Erlebnisse und Entscheidungen fordern, sowie
- die Möglichkeit, Schichten des Erlebnis-Speichers so zu verändern, dass frühere nega-

tive Programme mit günstigeren Alternativen erweitert werden. Die infrage stehenden negativen Programme sind durch Entscheidungen entstanden, die ja in einem Lebensalter getroffen wurden, als die Fähigkeit der Güterabwägung auf lange Sicht noch nicht zur Verfügung stand.

Die Güterabwägung

Güterabwägung bedeutet in der Sprache der Juristen, dass Vor- und Nachteile gegeneinander aufgerechnet werden und anschließend eine Entscheidung zugunsten des höherwertigen Gutes gefällt und in die Tat umgesetzt wird. Das heißt, um einen großen Vorteil zu erreichen, wird ein kleiner Nachteil in Kauf genommen, wenn die Güterabwägung stimmt. Wenn sie fehlt, wird gegebenenfalls ein ganz bedeutender Nachteil, ein übermäßiges Risiko in Kauf genommen, um einen kleinen Vorteil zu erlangen, der unbedeutend ist für die Lebensqualität.

Im Erlebnis-Speicher eines erfolgreichen Leistungssportlers kann beispielsweise der fast unwiderstehliche Drang vorhanden sein, unter allen Umständen der Erste zu sein. Mit einer Silbermedaille ist er nicht zufrieden. Für manche Menschen bedeutet der zweite Platz, dass man verloren hat. Ein anderer war ja besser!

Wenn ein Sportler unter allen Umständen der Erste sein muss, schließt dies ein, dass man sich mit bleibenden Schäden abfindet. Selbst schwere Behinderung und vorzeitiger Tod werden in Kauf genommen. Das ist wohl auch der Ursprung des Sprichwortes „Sport ist Mord".

Sobald aber bei einem erwachsenen Menschen der Freie Bereich mit der Güterabwägung eingeschaltet ist, wird ein solch zerstörerischer Drang gestoppt. Das höherwertige Gut ist nicht die Goldmedaille, nicht die Berühmtheit, sondern Gesundheit und Wohlbefinden.

Nehmen wir einmal den Fall, dass ich mich über jemanden sehr geärgert habe, den Zorn aber nicht offen ausdrücke. Dann ist es ein Vergnügen, dem anderen Ärger zu bereiten, ihm Nachteile einzubrocken. Wir haben den schönen Ausdruck „Rache ist süß" dafür. Aber oft ist sie gar nicht so süß und die Begleitumstände sind sauer oder bitter.

Fehlt nun die bereits erwähnte Güterabwägung, also die Abwägung von Vor- und Nachteilen einer Handlungsweise, werde ich vielleicht unglaublich große Nachteile hinnehmen, nur um den anderen seelisch oder materiell belasten zu können. Ich führe also ein durch Vergeltungssucht geprägtes Leben, genieße meine heimliche Rachelust, wenn beispielsweise sich andere wegen meiner Krankheit einschränken. Wie gesagt, diese Prozesse laufen unbewusst ab. Bei einer solchen im Grunde wenig „süßen Rache" kann es so weit kommen, dass geradezu unglaubliche Nachteile hingenommen werden.

Hier ein Beispiel, bei dem eine tödlich verlaufende Krankheit in Kauf genommen wurde. Eine Therapeutin behandelte eine Frau, die Leukämie (Blutkrebs) hatte. Nach guten Anfangserfolgen brach die Patientin die Behandlung ab. Auf die Nachfrage der Therapeutin sagte sie: „Ich will nicht weitermachen, sondern will die größtmögliche Bestrafung für meinen Mann."

Ihr eigener Schmerz, ihr eigenes Elend spielten für sie keine Rolle. Wir können natürlich vermuten, dass die Rache am Ehemann nicht die einzige Motivation für diese Entscheidung der Frau war. Beispielsweise ist denkbar, dass hier gleichzeitig ihre Todessehnsucht eine Rolle spielte.

Die Verwicklung, die sich hier bei einer tödlichen Krankheit zeigte, kann auch bei Depressionen eine Rolle spielen. Neben der Missachtung medizinischer Möglichkeiten werden in solchen Fällen auch alternative Heilungschancen blockiert – und zwar, gerade weil sie erfolgreich sein könnten!

Zusammenfassend ist zu sagen: Es kann bewusst darauf verzichtet werden, ein Ziel zu erreichen, wenn das einen zu riskanten Energieverbrauch oder zu hohe Kosten bedeuten würde oder weil es schlicht nicht mit den Mitteln erreichbar ist, die zur Verfügung stehen. Statt deprimiert zu sein, statt zu resignieren, wird beim Benützen des Freien Bereichs beispielsweise zunächst lediglich eine Etappe auf dem Weg oder ein leichter erreichbares Ziel ins Auge gefasst.

BLOCKADEN UND BEFREIUNG

Bei der in der Folge beschriebenen Arbeitsweise scheint alles kinderleicht und viel zu einfach zu sein, um Erfolg zu haben. Bei der Arbeit zeigt sich jedoch, dass der Abbau seelischer Bremsen bei der scheinbar kinderleichten Arbeit oft viel Energie, Beharrlichkeit und Mut erfordert. Der Erfolg ist fast regelmäßig größer, als die Kursteilnehmer erwarteten, als sie die „viel zu leichten" Übungen zum ersten Mal anschauten. Jahre erfolgreicher Praxis mit guten Rückmeldungen der Teilnehmer haben gezeigt, dass gerade Einfachheit oft zu Erfolgen in verhältnismäßig kurzer Zeit führt.

Die Befreiung kann durch eine erlaubende Neuentscheidung in der Therapie oder im Coaching erfolgen. Die Arbeit besteht in diesem Fall darin,

1. den Kursteilnehmer zu unterstützen, bessere Verhaltensweisen zu finden und anzuwenden, als bisher programmiert waren. Dafür ist es wichtig, zu wissen, was der Teilnehmer erinnert, denkt, was er sich vorstellt und fühlt, welche Körperreaktionen er hat und was er zu tun bereit ist;

2. ihm zu zeigen, wie die günstigeren Neu-Entscheidungen in eine tiefe Schicht des Erlebnis-Speichers einzubringen sind, sodass sie auch in Stresssituationen automatisch zur Verfügung stehen. Dabei darf kein Zwang entstehen, ausschließlich nur nach dieser einen Verhaltensweise zu handeln;

3. ihm zu helfen, sich zu trainieren, dass er seinen Freien Bereich in heiklen Situationen zügig in seine Überlegungen einbezieht;

4. ihm Hinweise zu geben, wie er die erarbeiteten Verbesserungen in seinem Lebensplan so darstellt, dass er wirksam in der maßgebenden Schicht so festgehalten werden kann, dass diese Verbesserungen in der Zukunft jederzeit zur Verfügung stehen.

In vielen Therapien wird automatisch darauf geachtet, dass der kritische Verstand trainiert wird. Er liegt im Freien Bereich in der Grafik des Entwicklungsmodells. Eine der ältesten Techniken ist die, Fragen zu stellen, und wenn die Antwort durch ein angelerntes Programm geprägt ist, mit der Absicht nachzufragen, den Freien Bereich zu aktivieren. Bei der Arbeit beachtet der Therapeut was jemand sagt, aber auch, wie er es sagt, also besonders laut oder leise, stockend, stotternd, sich versprechend usw. Auch was er nichtverbal mitteilt, wird vom Therapeuten beachtet: Schlucken, Hüsteln, Änderung von Haltung, Mimik und Gestik, unruhige Körperbewegungen, Körperreaktionen wie Schwitzen, Weinen, Erröten, Blasswerden usw.

Hier ist in großen Zügen ein Beispiel, wie eine Arbeit aussehen kann, die zu mehr Wohlbefinden und günstigeren Verhaltensweisen führt. Als Grundlage nehme ich das „Damokles-Skript", wie es von Eric Berne genannt wurde.

Dem unzufriedenen Sklaven Damokles wurden auf Befehl seines Herrn die köstlichsten Speisen und Getränke aufgetischt. Aber über ihm hing ein Schwert an einem Pferdehaar und konnte jederzeit auf seinen Kopf hinabsausen. Wer nach diesem Plan lebt, ist außerstande, das zu genießen, was ihm ohne weiteres zur Verfügung stünde, weil er bei gutem Leben, bei Erfolg dauernd in der Befürchtung lebt, dass das Schwert auf seinen Kopf hinabsausen könnte. Sobald er anfängt, etwas zu genießen, kommt die Angst, dass „das dicke Ende" noch kommen wird. Diese Angst beherrscht einen großen Teil seines Lebens und stört jeden noch so harmlosen Genuss.

Bei der Arbeit als Coach oder Therapeut ist es oft hilfreich, auf Bilder zurückzugreifen. Mit Wörtern allein ist es in vielen Fällen nicht getan. Nehmen wir an, der Kursteilnehmer Urs (Deckname) leidet unter depressiven Phasen, die zwar noch erträglich sind, jedoch lange dauern. Er kann noch arbeiten, aber alles fällt ihm sehr schwer, und tagelang kommt er selbst mit recht einfachen Arbeiten nur schwer voran. Auch im Privatleben ist seine Lustlosigkeit so stark, dass seine Lebensqualität und die seiner Familie herabgesetzt sind. Spaß an gesunder Bewegung, an Sinnlichkeit und Heiterkeit gehen in Richtung null.

Zunächst wird in diesem Fall im Freien Bereich untersucht, wann diese depressiven Stimmungen aufgetreten sind und welche Symptome dabei auftraten. Nehmen wir an, Urs erinnert sich besonders daran, dass er als Vierjähriger ein Bild gemalt hatte, auf das er sehr stolz war. Er zeigte es dem Vater, der ihm mürrisch sagte, dass das schlecht gemalt war, und dass er überhaupt alles schlecht mache. Er solle nicht so stolz sein, sondern müsse sich mehr Mühe geben, besser aufpassen, sich ordentlich zusammennehmen. Aber das würde wohl auch nichts nützen, aus ihm werde nie etwas werden, wenn er so weitermache. Dazu kamen später mehrere ähnliche Erlebnisse.

Nun findet Urs heraus, welche Maßregeln diese Art von Gesprächen mit dem Vater enthalten.

Er kommt auf den Satz: „Wenn du zu stolz bist, kriegst du eins auf den Deckel." Außerdem erinnert er Sprichwörter, die in der Familie üblich waren, nämlich

- „Den Vogel, der früh singt, frisst abends die Katz!"
- „Der Esel, dem's zu wohl wird, geht aufs Eis tanzen!"

Das war für ihn gleichbedeutend mit Befehlen wie: „Fühl dich nicht zu wohl!" und „Freu' dich nicht zu sehr!" Das Ganze kann schriftlich und grafisch, hier in einem Achteck, so dargestellt werden:

Fühl dich nicht zu wohl!

Freu dich nicht zu sehr!

Der Esel, dem's zu wohl ist, geht aufs Eis tanzen!

Den Vogel, der früh singt, frisst abends die Katz!

Du bist unfähig!

Du bist <u>nicht</u> okay!

Wenn du zu stolz bist, kriegst du eins auf den Deckel!

Diese Maßregeln und Abwertungen veranlassten Urs, beispielsweise Entscheidungen zu treffen, um Schwierigkeiten, Verletzungen und Angst zu vermeiden. Nehmen wir an, er trifft (in diesem Alter unbewusst) die Entscheidungen:

a) Ich muss vermeiden, mich wohl zu fühlen, darf vor allem nicht zeigen, dass ich mich wohlfühle.

b) Ich muss vermeiden, mich zu sehr zu freuen (damit mir nicht das Schwert auf den Kopf saust!).

c) Ich darf nicht zugeben, wenn ich stolz bin.

d) Ich muss etwas Besonderes tun, damit die anderen mich für okay halten.

Es liegt auf der Hand, dass solche Entscheidungen eine depressive Haltung begünstigen. Nachdem Urs das geschrieben hatte, wurde ihm klar, wie sehr er seine Lebensqualität beeinträchtigen würde, wenn er weiterhin diesen Maßstäben folgt. Es ist auch überflüssig, denn er ist ja **nicht** mehr von seinen Eltern abhängig. Nun entwickelt Urs Erlaubnisse, die solche Maßregeln abmildern oder löschen, beispielsweise:

- Es ist völlig in Ordnung für mich, wenn ich mich in einer entsprechenden Situation wohlfühle.

- Ich gestatte mir, meine Freude, wenn sie gerechtfertigt ist, vollständig auszuleben.

- Ich gestatte mir, in angemessener Weise stolz zu sein, wenn ich etwas in jeder Hinsicht wirklich gut gemacht habe.

- Wenn ich mich richtig betrage, bin ich okay.

Bei der Vorstellung, dass Urs das einem Vierjährigen so sagen würde, merkt er, dass seine Selbst-Erlaubnisse zwar gut gemeint sind, jedoch das Kind nicht erreichen würden. Die Sprache stimmt nicht. Er ändert daraufhin Schritt für Schritt die Erlaubnisse, damit sie einfacher und kürzer werden. So plakativ, wie er sie selbst als Kind besser verstanden hätte, nämlich:

- Ich erlaube mir, mich gut zu fühlen.
- Ich erlaube mir, mich zu freuen.
- Ich erlaube mir, stolz zu sein.

Die Einschränkungen, die er im ersten Anlauf gemacht hatte, sind überflüssig, denn er erlaubt sich ja nur, sich gut zu fühlen. Das heißt, er ist

nicht verpflichtet, er nimmt sich nichts vor. Er tut es eben nur, wenn es sinnvoll ist. Seine Freiheit ist erweitert statt eingeschränkt, wie bei vielen so genannten guten Vorsätzen!

Er fügt außerdem die Feststellung hinzu:

- Ich bin okay.

Das Wort „okay" war schon dem Vierjährigen bekannt. Im vorangehenden Gespräch wurde bereits klar, dass „okay" nicht bedeutet, dass jemand perfekt ist oder etwas perfekt macht. Wenn er Fehler macht, bleibt er trotzdem okay, solange er das in seiner Macht Stehende tut, um die Folgen eines bedeutenden Fehlers zu mindern, sobald er ihn bemerkt, oder sogar die Situation aufgrund des Fehlers zu verbessern. Denn manchmal haben wir Fehler gemacht, weil unser „Herz gesprochen hat", und es ergibt sich bei genauer Betrachtung eine günstigere Lage, als wir im ersten Moment vermutet hätten.

Jetzt wurde noch über die Gefühle und Körperreaktionen gesprochen, die bei dieser Übung eine Rolle spielten. Urs sagte, dass er traurig und wütend auf seinen Vater war. Bei dem Satz: „Ich erlaube mir, mich zu freuen", fühlte sich die Kehle sich wie zugeschnürt an. Er hatte auch feuchte Augen bekommen, aber bald danach fühlte er sich sehr heiter und entspannt. Es kam ihm vor, als sei eine Last von ihm abgefallen.

Um noch näher an die Schicht des Vierjährigen heranzukommen ist es ratsam, lediglich Wörter zu verwenden, sondern die Neu-Entscheidung auch durch ein Bild zu unterstützen. Stellen wir uns vor, ein Vierjähriger sieht das Wort „Haus". Dann weiß er in den meisten Fällen **nicht**, worum es geht. Sieht er aber das Bild, erkennt er zumeist sehr schnell, dass es sich um ein Haus handelt.

Das Wort kann er auch verstehen und sagen, aber lesen oder gar schreiben kann er's eben nicht.

Der Seh-Eindruck einer Person, eines Tieres oder eines Gegenstandes geht auch im späteren Alter oft tiefer als das geschriebene Wort. Stellen Sie sich eine Standarte der Bundesrepublik mit dem

Adler und daneben eine Standarte mit dem Wort „Adler" vor:

Wörter sind jedoch auch notwendig, sie sind ja eine Brücke zwischen Denken, bildlichem Vorstellen und Erleben. Deshalb werden neben das Achteck die Erlaubnisse in Großbuchstaben geschrieben und dazu die Feststellung „Ich bin o-kay". Nun wird in das Achteck die Figur gemalt, die zu den Sätzen passt. Dabei ist notwendig, dass Proportionen, Haltung, Gesichtsausdruck, Blickrichtung und Haltung der Arme mit den geschriebenen Sätzen übereinstimmen.

Das ursprünglich bedrohliche Schwert soll sichtbar sein, aber diese Person nicht mehr bedrohen. Es kann sich auch außerhalb des Achtecks befinden, soll aber auf dem gleichen Blatt zu sehen sein. Das gilt auch für das Pferdehaar. Um dieses Bild werden in Handschrift mit Großbuchstaben die erarbeiteten Erlaubnisse geschrieben.

Bei der folgenden Übung ist aus Einzelheiten zu ersehen, dass der Inhalt mit hoher Wahrscheinlichkeit angekommen ist.

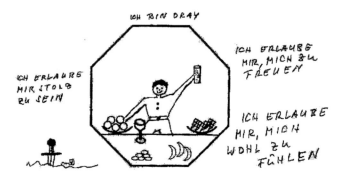

Dass die Erlaubnisse angekommen sind, zeigt sich durch folgende Einzelheiten:

- Bild und Schrift stimmen mit dem positiven Ziel überein,
- der Gesichtsausdruck ist fröhlich,
- die Armhaltung deutet Beweglichkeit und Lebendigkeit an,
- das Schwert mit dem Haar ist in sicherem Abstand im Boden versenkt und
- die Richtung der Zeilen der Erlaubnisse geht nach oben. (Wenn sie waagerecht wäre, wäre das natürlich auch in Ordnung, nur wenn die

Richtung nach unten ginge oder die Buchstaben immer kleiner würden, wäre das ein Hinweis dafür, dass hier wahrscheinlich noch eine Blockierung vorhanden ist.)

Solche Erlaubnisse und positiven Bilder sind für jede Person anders, es gibt keine vorgeschriebene Darstellungsweise.

Hier ist das Bild einer Kursteilnehmerin, die andere Elemente hinzugefügt hat, im Wesentlichen mit dem Ziel, sich zu befreien.

Auch hier haben wir viele positive Elemente – die Sonne, die Vogelgruppe, die Blumen, Freunde und Verwandte im Hintergrund.

Das Schwert ist hier zufällig in einer sehr ähnlichen Weise unschädlich gemacht. Das wird in den meisten Fällen anders dargestellt, beispielsweise ist das Schwert zerbrochen oder in eine Art Schirmständer gestellt und somit unschädlich gemacht usw.

Oft muss jemand insbesondere beim Malen viele Anläufe machen, ehe ihm die Zielvorstellung eines freieren Lebens gelingt. Hier folgt beispielsweise der Erstversuch eines Kursteilnehmers, bei dem im Bild zu sehen ist, dass es schädlich wäre, es so als Zielvorstellung zu belassen.

Das Gesicht ist nicht fröhlich, scheint immer noch ängstlich, der Malende hat sich aus dem Zentrum gerückt, hat sich sehr klein dargestellt. Das Schwert ist zwar weniger bedrohlich aufgestellt, aber nicht völlig ohne Bedrohung, die Arme sind offenbar unbewegt, passiv. Gesten der Aktivität, Fröhlichkeit und Freiheit fehlen.

Entgegen der Anweisung ist das Pferdehaar nicht zu sehen. Erst das fünfte Bild war in diesem Fall so, dass es dem Kursteilnehmer selbst geeignet schien. Und in jeder Etappe baute er einen Teil der negativen Maßregeln ab.

An dieser Stelle möchte ich bemerken, dass alle Zeichnungen von den Kursteilnehmern ausdrücklich für eine Veröffentlichung genehmigt wurden.

Nach der neuen, der fünften Zielvorstellung, steigerte er seine Lebensqualität. Da das neue Ziel jetzt auch unterbewusst angenommen war, gehörte keine Anstrengung dazu, er hatte den Eindruck, die Lebensqualität steigere sich sozusagen von selbst. Das hatte natürlich mit der Zeit einen positiven Einfluss auf seine Arbeit, auf seine Partnerschaft und seine Umgebung.

In den meisten Fällen melden sich bei solchen Übungen Gefühle, Körperreaktionen und Erinnerungen, die den Weg für den weiteren Abbau der unnötig bedrückenden Phasen weisen. Wie oben gezeigt, kommen meistens Blockierungen und Fehlleistungen beim Schreiben oder Malen vor, die darauf hinweisen, dass eine Verbesserung der Zielvorstellung oft schwieriger ist, als das dem Leser im ersten Moment scheint.

Bei diesen Übungen gibt es eine Unzahl von Sabotagemöglichkeiten. Leider wehrt sich der Sabotierende, sie abzubauen. Die alten Programme hatten ja einmal eine Funktion, die seinerzeit als positiv bewertet wurde. Diese, manchmal nur scheinbar positive, Funktion will die Person nicht aufgeben, obgleich sie unter der negativen Last des gleichen Programms mitunter enorm leidet, so wie viele Raucher unter den Folgen des Rauchens. Da ein großer Teil dieser Beeinträchtigungen verdrängt wird, empfiehlt sich hier eine erhöhte Aufmerksamkeit.

Beim Beispiel von Urs war das Verhalten des Vaters besonders einprägend. Aber auch andere Autoritäten wie Mutter, Onkels und Tanten, ältere Geschwister, Kindermädchen, Lehrer usw. übernehmen es oft, belastende Maßregeln zu vermitteln, normalerweise ohne dass sie wissen, was sie tun.

Negative Programmierungen können ihre Ursache auch nur aufgrund von Schlussfolgerungen des Kindes aus Erlebnissen haben, die nicht mit Autoritätspersonen zusammenhängen. Nehmen wir den Fall, dass ein Fünfjähriger einen wunderschönen Nachmittag erlebt. Es gibt eine Feier mit Kuchen und köstlichen Fruchtsäften, Spiele mit anderen Kindern, es ist herrliches Wetter: Die Welt scheint ganz und gar fröhlich und in Ordnung. Als er vom Fest abgeholt wird, erfährt er, dass sein geliebter Opa gerade gestorben war. Nun kann Folgendes geschehen:

Ereignis:
wunderbare Feier
gefolgt von Todesnachricht und Trauer

Schlussfolgerung:
Wenn es mir zu gut geht, passiert etwas ganz Schlimmes.

Entscheidung:
Wenn es droht, mir zu gut zu gehen, bremse ich meine Freude, um Unglück zu vermeiden.

Die Entscheidung wird unbewusst getroffen. Für einen Fünfjährigen ist die Entscheidung bei seiner Weltkenntnis durchaus vernünftig. Sobald wir die Welt besser kennen, wird dieses Programm leider **nicht** automatisch gelöscht. Es wird bei besonderen Gefühlswallungen, auch bei starken freudigen

Aufwallungen, automatisch immer wieder abgerufen ... so lange, bis diese Person eine Neuentscheidung fällt, die der Realität besser entspricht und eine höhere Lebensqualität ermöglicht. Eine solche Neuentscheidung wirkt am besten, wenn sie, wie gesagt, in der Schicht angekommen ist, in der die ursprüngliche kindliche Entscheidung getroffen wurde.

Eine kindliche Entscheidung ist nicht in Wörtern festgehalten, sondern ich habe das hier so „übersetzt". Das Programm ist in Sinneseindrücken festgehalten und der Alarm wird ausgelöst durch Gefühle (z. B. Angst), Körperreaktionen (z. B. Bauchweh) oder Fehlleistungen (z. B. dass diese Person dazu neigt, sich Schmerzen zuzufügen, wenn es ihr „zu gut" geht). In allen drei Fällen wird das „Ziel" erreicht, die als gefährlich eingestufte „zu große Freude", das „zu große Wohlfühllen" werden herabgesetzt. Das kann erreicht werden durch das Gefühl der Angst, durch eine depressive Stimmung, durch Bauchweh oder durch eine scheinbar zufällige Verletzung. Eine solche Selbstverletzung war aber sehr wohl beabsichtigt, allerdings eben unbewusst. Das unbewusst vorgestellte **positive Ziel war, Unheil zu vermeiden.**

Wenn wir die Erziehung durch Eltern beobachten und die Schlussfolgerungen erforschen, die das Kind oder der Jugendliche daraus zieht, wird uns erst richtig klar, wie schwer Erziehung ist, selbst wenn sie gut gemeint ist. Dafür zwei Beispiele: Zunächst zitiere ich Eric Berne: Der Vater sagt seinem Sohn in der Pubertätszeit: „Geh mir nur nicht in eines dieser Häuser mit den roten Laternen, wo diese Frauen sind, die für zehn Mark alles tun, was man von ihnen verlangt." Da der Junge keine zehn Mark hat, nimmt er sie der Mutter aus dem Geldbeutel. Am nächsten Nachmittag will er losgehen. Aber abends zählt die Mutter ihr Geld. Ihr Verdacht fällt sofort auf ihren Jungen und, mehr noch, sie findet auch noch das Versteck des Geldes. Der Junge wird bestraft. Er kommt zu der Schlussfolgerung: „Wäre ich nach dem Abendessen gleich zu den Häusern mit den roten Laternen gegangen und hätte das nicht auf den nächsten Tag verschoben, wäre alles in Ordnung gewesen." Die Entscheidung könnte sein: „Wenn ich mich in einem Haus mit roter Laterne amüsieren will, muss ich gleich losgehen."

Ein anderes Beispiel: Ein Achtjähriger lügt. Der Vater bemerkt das und bestraft den Jungen. Er sagt ihm auch, dass er deutlich bemerkt habe, dass er lügt, denn er habe beim Lügen de Blick abgewendet. Der Junge kommt zu der Schlussfolgerung, dass er, wenn er lügt, dem Gesprächspartner so aufrichtig wie möglich in die Augen schauen muss. Und seine Entscheidung ist, gerade das zu tun.

Depressive Programme sind umso schwieriger zu mildern, je intensiver bestimmte Ereignisse waren und je früher das Lebensalter war, in dem sie erlebt wurden. In den sehr frühen Phasen, beispielsweise bei einer Vorformung schon im Mutterleib, ist mit Psychotherapie allein wenig zu erreichen. Wir können in Gesprächen allein die auslösenden Entscheidungen ja nicht erfahren. Deshalb ist es oft notwendig, zunächst andere Mittel wie Medikamente einzusetzen, um beispielsweise verhaltenstherapeutische Übungen anwenden zu können. Das gilt auch für die Arbeit, wenn keinerlei Anhaltspunkte für eine entsprechende frühe seelisch-körperliche Erschütterung gefunden werden.

Am günstigsten ist es, wenn ursprüngliche Vorfälle erinnert werden. Das ist oft der Fall. Für die Übungen können aber auch Erinnerungen von Bezugspersonen der Kindheit verwendet werden. In solchen Fällen kann die Methode der erlaubenden Neuentscheidung angewandt werden. Da wir uns in Bildern oder Grafiken eine Arbeitsweise am besten vorstellen können, folgt hier zunächst noch einmal das Schema des Erlebnis-Speichers.

Erlebnis-Speicher

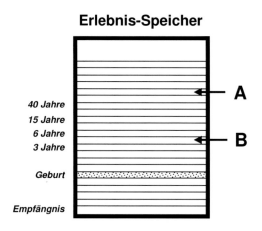

A – **Neuentscheidung:** Zunächst werden im Freien Bereich, der außerhalb des Erlebnis-Speichers liegt, günstige, einfache, schlagwortartige Formulierungen für Erlaubnisse erarbeitet:

- Ich erlaube mir, mich gut zu fühlen.
- Ich erlaube mir, mich zu freuen.
- Ich erlaube mir, stolz zu sein.

Dazu kommt noch die bereits erwähnte Feststellung: **Ich bin okay**.

Dabei können starke Gefühle auftreten wie Überdruss und Widerwille, weiterzumachen. Das kann durch entsprechende Körperreaktionen wie Spannungen, Müdigkeit und Schmerzen begleitet sein. Das deute ich als Zeichen, dass unser System sich erst einmal wehrt, Änderungen anzunehmen. Das ist verständlich, denn in einer tieferen Schicht, einer Schicht der Kindheit, ist nicht die Fähigkeit vorhanden, langfristige Konsequenzen zu erkennen. Logischerweise bedeutet dort jede Änderung erst einmal ein unabsehbares Risiko.

Allerdings gibt es nach Durchführung solcher Übungen auch immer wieder sehr angenehme, befreiende Empfindungen, sobald die günstige Botschaft verstanden wurde. Nämlich, dass eine Erlaubnis keine Verpflichtung ist, und dass es immer in der Macht der Person liegt, den neuen Weg abzulehnen oder ihn zu gehen. Die beschriebene Methode eröffnet eben immer die Wahl zwischen verschiedenen Wegen und der Verstand ermutigt, den auf lange Sicht günstigeren Weg zu bevorzugen.

Die gerade erarbeitete Erlaubnis wird automatisch zumindest kurzfristig auch im Erlebnis-Speicher registriert, aber nur in der Schicht des jetzigen Alters des Teilnehmers (hier im Beispiel mehr als 40

Jahre). Das bedeutet in Stresssituationen, dass sie **nicht** zur Verfügung steht. Wahlmöglichkeiten werden bei starkem Stress gar nicht wahrgenommen. Das ist manchmal erkennbar an solchen Äußerungen wie: „Da gibt es nur einen Weg …!"

Bei nachhaltiger Anspannung gehen wir, meist ohne es zu merken, in immer tiefere Schichten unseres Erlebnis-Speichers. Die weiter oben gespeicherten Informationen werden von der Wucht der Vorstellungen, Gefühle und Körperreaktionen blockiert, die aus den tiefer liegenden Schichten aufsteigen. Ein Beispiel dafür erwähnte ich bei dem Bericht über die Sitzung des japanischen Parlamentes. Das Ziel ist fast immer: Veränderungen zu verhindern, ohne zu untersuchen, wie wohltuend sie sich auswirken könnten.

B – Speicherung der Neuentscheidung: Sie soll möglichst in der Schicht des Alters gespeichert werden, in dem die negative Erst-Entscheidung fiel. Sie geschieht, wo dies ratsam und möglich ist, in Form einer erlaubenden Neu-Entscheidung. Sie soll abgefasst sein in einer Sprache und einer bildlichen Vorstellung, die dem Alter entspricht, in dem die ursprüngliche negative Entscheidung getroffen wurde.

Hier ist ein Beispiel einer so genannten doppelten Erlaubnis, wie ein solcher Satz lauten könnte: „Ich erlaube mir zu lügen und ich erlaube mir, die Wahrheit zu sagen."

Bei einer doppelten Erlaubnis wird das schädlichere Verhalten noch einmal erwähnt und dann die positive Erlaubnis daran geknüpft, sozusagen als das Wichtigere, als das „das letzte Wort".

Nun kann es sein, dass der Leser meint, dieser Mensch würde fast automatisch zum Lügen angestiftet werden. Das Gegenteil ist der Fall. Der Neu-Entscheidende wog danach ab, wann es günstiger ist, offen zu sein, statt sich zu tarnen. Das führte recht schnell dazu, dass er viel öfter aufrichtig war und dadurch mehr Zuneigung bekam, als er erwartet hatte. Berufliche Nachteile hatte er dadurch nur im Ausnahmefall. Wenn er das befürchtet, kann er auf Lügen zurückgreifen: er hat es sich auch erlaubt.

Die Neuentscheidung wird durch Schreiben in Großbuchstaben und Malen eines Bildes verankert. Denn das Bild ist eine Information, die für das Kind im Alter von vier Jahren eher verständlich ist. Neben dem Malen selbst gibt es den Vorteil, dass Sinneseindrücke einfließen. Da ist der

Druck auf den Stift, der ja von den Fingern gefühlt wird, die Bewegung der Hand, aber auch die
seitliche Neigung des Kopfes, und solche Eindrücke, wie das unten erwähnte Beißen auf die Zunge, welches die Person auf einmal wieder tut und
fühlt bei einer solchen Übung.

Kinder malen ja zunächst die Buchstaben als eine
Einheit und oft ist es unwichtig, ob der Buchstabe
normal oder spiegelbildlich gemalt wird oder auf
dem Kopf stehend. Eine Kursteilnehmerin sagte
nach einer solchen Übung sehr schön: „Ich habe
mich wie ein Kind gefühlt, das zum ersten Mal
Buchstaben malt, habe mir dabei sogar auf die
Zunge gebissen."

Hier ein Beispiel für ein solches spiegelbildliches
Schreiben bei dem Wort FARBE

auf den Kopf stehend: ┕∀ꓤBE

und waagerecht gespiegelt: ƎᗺᴙA╕

Manchmal sind bei Kindern nur Teile von Wörtern gespiegelt. Beispielsweise steht im Wort Farbe nur das „A" auf dem Kopf oder das „R" ist
waagerecht gespiegelt. Unser Gehirn speichert offenbar eben zunächst die Figur eines Buchstabens,
gleichgültig, wie herum er geschrieben wurde.

Es ist wichtig, dass ein Übender sich selbst beobachtet und in der Lage ist, seine Reaktionen bei diesen Übungen zu nennen, nämlich

- Gefühlsreaktionen: Freude, Trauer, Angst, Wut, Erleichterung usw.,
- Körperreaktionen: Tränen, Schwitzen, Spannung, Schmerz, Herzklopfen, Kloß im Hals usw.;
- Erinnerungen: Ereignisse, die lange vergessen waren und bei der Übung auftauchten;
- Fehlleistungen: Verlegen von Gegenständen, Buchstaben oder Wörter falsch schreiben, eine Figur, ohne es zu merken, anders als nach der Aufgabenstellung malen, etwas vergessen usw.

Da Fehlleistungen oft einen Hinweis geben, was der Übende wirklich denkt, ist hier ein kleiner Überblick mit Beispielen. Fehlleistungen sind:

- Vergessen
- Vertauschen, Verlegen von Gegenständen
- Fehlerinnern
- Versprechen (Wörter falsch sagen)

- Vergreifen (z. B. falsche Tasse nehmen)
- unbeabsichtigte Verspätungen
- Verschreiben (ich zähle dazu auch Formulierungen, die unbeabsichtigt etwas anderes ausdrücken und Schreibfehler, auch Änderung der Schrift, z. B. Änderung der Buchstabengröße, fehlerhafte Groß- und Kleinschreibung, Änderung der Schriftart, der Buchstabenneigung, aufsteigende oder abfallende Zeilenführung usw.)

Hier folgen einige Beispiele von Sigmund Freud:

➢ Eine sozialdemokratische Zeitung um 1900: Dreimal hintereinander wurde der Titel „Kronprinz" fehlerhaft veröffentlicht. Jedes Mal wurde die Zeitung bestraft. Das erste Mal: „**Korn**prinz", in der folgenden Nummer wurde die Bitte um Entschuldigung veröffentlicht („es sollte natürlich **Knor**prinz heißen"). Das wurde noch einmal berichtigt zu „Kron**plinz**". Jedes Mal war eine Strafe fällig.

➢ Ein Briefschluss: „Viele Grüße an Ihre Frau Gemahlin und ihren Sohn."

➢ Ein Vorsitzender sagt über Unregelmäßigkeiten bei der Finanzverwaltung seines Unternehmens: „Es ist etwas zum Vorschwein gekommen."

➢ Ein Vorsitzender bei der Antrittsrede: „Ich bin nicht geneigt (‚geeignet' steht in seinem Manuskript), die Verdienste meines Vorgängers zu würdigen."

➢ Später: „Wir streiten jetzt zu Punkt 4 der Tagesordnung."

➢ Ein Biologe im Bericht über seine mikroskopischen Untersuchungen von infizierten Eiweißscheibchen schreibt: infizierte Eischeißweibchen.

➢ Im Sanatorium „Hera" fragt ein Patient an, ob dort nur Entbindungen gemacht werden. Der Arzt sagt: „O nein, in der ‚Hera' kann man jeden Patienten umbringen ... unterbringen meine ich."

Andere Beispiele:

• Der Kommunistenführer Marchais in den fünfziger Jahren im französischen Parlament: „Auch wenn die Kommunisten hier die Macht übernehmen, wird die französische Außenpolitik in Moskau gemacht werden, Verzeihung, ich wollte sagen, in Paris gemacht werden." (Gelächter)

• Ich hatte den Namen eines Orthopäden vergessen, er hieß Gally. So hieß der Leiter des Konzentrationslagers, in dem ich einige Monate verbracht hatte.

- (VOX Talkshow) Ein Herr Stief, ein Mann, der häufig fremdging, wurde vom Moderator mehrmals mit „Herr Steif" angeredet.

- Mein Versprecher bei einem Vortrag über Ich-Zustände: Zur Freude meiner Zuhörer sagte ich statt „angepasstes Kind" „angepisstes Kind".

- Eine Frau sagte zu ihrem Ehemann, der um Reparatur eines Risses in seiner Hose bat: „Ich habe keine Zeit, meine Mutter kann dir die Hose ficken."

- Eine Frau will schreiben: „Jetzt ist der richtige Zeitpunkt, sich das Leben leichter zu machen" (sie schrieb aber „sich das Leben leichter zu nehmen"). In der gleichen Mitteilung schreibt sie bezüglich des positiven Endes einer lebensgefährlichen Situation: „Wenn eine gefährliche Situation in der Kindheit entstanden ist, dass das positive Ende, z. B. Übeleben (gesprochen klingt es wie ‚übel leben'), nicht gespeichert wird".

Auf eine unbewusste geistige Leistung verweist in der Buchbesprechung der SPIEGEL 39/1993, Seite 110: „Grammatikalische Versprecher kommen hingegen fast nie vor: Das Sprachzentrum passt die Formen von Artikeln und Verben selbst dem größten Unfug fehlerfrei an."

Neben Fehlleistungen sollen auch alle anderen Reaktionen beschrieben werden, auch wenn sie nur ganz schwach waren. Wenn gar keine Reaktionen festgestellt wurden, soll dies ausdrücklich mitgeteilt werden.

Andere Vernetzungen

Neben diesen Möglichkeiten stehen bei einer Therapie noch weitere Vernetzungen von Wörtern mit anderen Eindrücken offen. Man könnte von „Erlebnis-Erinnerungs-Paketen" sprechen. Sätze werden mit Sinneseindrücken verbunden: sehen, hören, riechen, ertasten usw. Aber auch Bewegungen, Anspannungen und Entspannungen von Muskeln sowie Gefühlsregungen sind hilfreich. Folgende Methoden und Übungen helfen dabei:

- Veränderung der Mimik, Gestik, Haltung,
- Bewegungen und Tanz,
- Singen oder Summen von Tönen und Melodien,
- Umarmungen,

- Kuscheln mit Tieren, Puppen oder Plüschtieren,
- Beruhigung eines Teddys oder einer Puppe,
- Wärme,
- Licht-Effekte,
- Massagen,
- Streicheln,
- Veränderung der Atmung,
- Bewegungen wie schaukeln oder wiegen,
- Finger lutschen,
- Düfte,
- Geschmack,
- Märchen erzählen,
- provozierte Augenbewegungen der Traumphase (Rapid Eye Movement),
- Tonfall beim Sprechen, mit Tönen, Takten und Melodien,
- Visualisieren bei Entspannung,
- Lachen aus voller Kehle,
- Schreitherapie, Bonding,
- Verhaltenstherapie,
- Techniken der Neurolinguistischen Programmierung, der Gestalttherapie, des Bonding usw.

Ein Beispiel für Melodien: Das Summen eines bekannten Wiegenliedes kann eine übertriebene

Spannung verringern. Dadurch wird eine Neu-entscheidung unterstützt: eine bestimmte, heute sichere Situation mit Entspannung zu vernetzen.

Ein Beispiel von Streicheln und Sprechen in einem angemessenen Tonfall: Wenn eine Person sich einen Teddy (oder eine Puppe) auf den Schoß setzt. Nun spricht sie von einer Situation, die heute nicht mehr so bedrohlich ist wie in der Kindheit. Dabei streichelt sie dieses Spielzeug und sagt dabei im beruhigenden Tonfall: „Du brauchst keine Angst zu haben, ich bin ja bei dir." Damit beruhigt sich die streichelnde und sprechende Person auch selbst.

Die beruhigende Wirkung kann verstärkt werden, wenn ein sehr großer Teddybär auf den Schoß oder in die Arme genommen wird. Ein Teddy, der so groß ist, dass in etwa die Proportionen von Teddy und Kursteilnehmer gleich denen sind, wie sie früher zwischen einem solchen Spielzeug und dem Kind bestanden.

Wenn viel angestauter Zorn oder Trauer vorhanden ist, ist es ratsam, diese und andere Gefühle vorher direkt zu äußern, sei es durch schreien, weinen, therapeutische Schlagübungen usw. Das ist auch deshalb wichtig, weil in unserer Zivilisation eine geradezu beständige Gefühlsunterdrückung als Tugend angesehen wurde. Leider ist sie das nicht, denn diese Unterdrückung führt zu Unwohlsein und kostet Energie, welche man meistens nicht bewusst wahrnimmt, die uns aber an anderer Stelle fehlt. Wenn die Gefühlsunterdrückung abgebaut wird, kann es sein, dass ein nennenswerter Rückgang der Umsätze verschiedener Medikamente zu verzeichnen wäre.

Wie diese Aufzählungen zeigen, ist es wichtig, dass eine Neuentscheidung nicht nur mit dem Kopf, sondern auch mit dem Herzen und dem Bauch getroffen wird. Aufgrund ihrer Erziehung versuchen viele Teilnehmer erst einmal, dies allein mit Vernunft und Willensstärke zu bewältigen. Aufgabe des Therapeuten ist es, das zu bemerken und anzuregen, dass Körperreaktionen und Gefühle wahrgenommen, geäußert und in die Arbeit einbezogen werden.

All diese Methoden sind nicht immer ausreichend, weil noch andere Hemmnisse existieren. Es kann sein, dass außer dem Gebiet, das hier bearbeitet wurde, noch tiefer liegende Vernetzungen vorhanden sind, die den vollen Erfolg der gut bearbeiteten Neuentscheidung verhindern. Oder es besteht ein generelles Verbot, erfolgreich zu sein.

Das bedeutet auch, dass die Therapie **nicht** erfolgreich sein darf! In diesem Fall ist notwendig, dieses Verbot vorher abzubauen. Oder es besteht eine Vorstellung etwa in dem Sinn: „Wenn es zu schlimm wird, kann ich mich umbringen." Eine solche im Unterbewusstsein verankerte Notlösung führt häufig dazu, dass diese Person nicht wirklich alles daransetzt, eine Lösung für eine Notlage zu suchen: Selbst wenn schon eine Lösung auf der Hand liegt, wird in solchen Fällen bei weitem **nicht** alles getan, um sie in die Tat umzusetzen.

Ein Problem gilt für alle Formen der Beratung, des Coaching und der Therapie. Oft kommt ein Patient, ohne es zu bemerken, mit dem Anspruch: „Wasch mir den Pelz, aber mach mich nicht nass!" In der Therapie kann das bedeuten: „Ich habe den festen Willen, gesund zu werden, aber diese Übung passt nicht zu meiner Persönlichkeit, hat auch mit meiner Krankheit nichts zu tun." Dahinter stehen fast regelmäßig Ängste, die diese Person nicht klar wahrnehmen möchte und über die sie nicht sprechen mag.

Wie das chinesische Symbol des Tai-Chi mit den Elementen Yin und Yang zeigt, müsste ja aus der Sicht des Kind-Ichs auf wichtige Vorteile verzichtet werden, die leider mit den Nachteilen, den Belastungen, dem Unwohlsein oder Kranksein verbunden sind.

Das zeigt die Darstellung, die hier bedeutet: Bei allen Nachteilen gibt es einen kleinen Vorteil, symbolisiert durch den weißen Punkt im schwarzen Feld. Dieser kann allerdings winzig klein sein. Das spielt hier wohl keine Rolle, in der entscheidenden Situation gilt nur der Vorteil, denn die Nachteile werden nicht bewusst mit dem Vorteil in Verbindung gebracht. Und der schwarze Punkt im weißen Feld bedeutet, dass jeder Vorteil auch einen Nachteil mit sich bringt. Und dieser Nachteil wird häufig verdrängt ... und auch eben ohne mit dem Vorteil bewusst in Verbindung gebracht zu werden.

Oft bemerkt jemand gar nicht, dass er eine Verbesserung seiner Lage boykottiert, wie das beispielsweise bei dem Erstversuch des Kursteilnehmers deutlich wurde, der bei der Darstellung der Lösung des Damokles-Skripts das Schwert sogar in den Mittelpunkt gestellt hatte.

Auch bei diesen offenbar harmlosen Übungen kann eine Aufgabe von dem Betreffenden als gefährlich empfunden werden. Das sollte ernst genommen und in fairer Weise besprochen werden. Es sind eben Befürchtungen, die früher einmal berechtigt schienen oder waren. Durch bestimmte Übungen wird der Kontakt mit dem früheren Erlebnis wieder aktiviert mit dem Wunsch, die jetzt überflüssigen Ängste abzubauen. Dazu muss man sie aber erst einmal wahrnehmen.

Erst mit der Zeit wird sich jeweils zeigen, ob und inwieweit die Therapie oder das Coaching die Wurzel eines Übels erreichte. Durch die oben erwähnten Übungen kann jedoch fast in jedem Fall ein nennenswerter Schritt vorwärts gemacht werden in Richtung höherer Lebensqualität und größerer innerer Freiheit. Außerdem wird die Suche nach der eigentlichen Ursache des Problems erleichtert.

Wie bereits gesagt ist nicht allein die Erleichterung ausschlaggebend, die nach einer der beschriebenen Übungen eintritt. Was gilt ist die Wirkung in den folgenden Wochen, Monaten oder Jahren. Häufig ist es mit der günstigeren Einstellung nach einer solchen Therapie so, dass bisher vergessene Verletzungen, deren Bearbeitung ratsam ist, erst in die Nähe des Bewusstseins gerückt werden. Und erfreulich oft wird von Kursteilnehmern eine bessere Lebensqualität, auch Gesundung einer scheinbar unheilbaren Krankheit, nach vielen Jahren noch empfunden und bestätigt.

Die Zielvorstellung

Bei der beschriebenen Arbeitsweise spielt für den Lebensplan, für das Skript, eine positive Zielvorstellung eine bedeutende Rolle. Sie wird sozusagen automatisch miterarbeitet und bekommt im Erfolgsfall den Vorrang gegenüber einer früheren negativen Vorstellung. Ein krasses Beispiel möchte ich hier nennen. Eine Klientin, die sich sehr schwer tat, Fortschritte in der Therapie zu erreichen, fragte ich nach ihrem Lebensziel. Sie antwortete: „Zu sterben!" Auf meine Frage, auf welche Weise sie das wolle, antwortete sie: „An Lungenkrebs". Es ist leicht vorstellbar, dass Therapien ins Leere laufen, wenn eine solche Vorstellung nicht gründlich bearbeitet wird.

Es liegt auf der Hand, dass hier diese Methode sehr verkürzt wiedergegeben ist. Vor der Anwendung ist eine ausführliche Besprechung und Untersuchung durchzuführen, die Symptomatik sollte schriftlich festgehalten und andere Faktoren müssen beachtet werden. Es geht mir hier nicht darum, eine komplette Gebrauchsanweisung zu geben, sondern nur einen Einblick in die Grundlagen der Methode. Ein Therapeut oder Coach sollte sie nur anwenden, nachdem er auf diesem Gebiet entsprechende Selbsterfahrungen mit Erfolg gemacht hat.

Bestimmte Teile der genannten Techniken können auch beim Tele-Coaching angewandt werden, wobei die Grenzen zwischen Coaching und Therapie zu beachten sind.

Die Nachteile des Tele-Coaching sind: Es muss auf den direkten Kontakt, damit auch auf die Möglichkeit des Erkennens nichtverbaler Mitteilungen, weitgehend verzichtet werden: lange Sprechpausen, Erröten, Hüsteln, Änderung der Sitzhaltung, Verschränken der Arme, unruhige Beinbewegung usw.: Die Spontaneität fehlt. Die Nutzung von Mess- und Übungsgeräten wie Biofeedback fällt weg. Die wohlwollend-neutrale Haltung des Coachs ist weniger wahrnehmbar. Die großen Vorteile von Gruppenarbeit entfallen ebenso.

Auf der anderen Seite bietet der Fernkurs Vorteile, die es bei einer Therapie nicht gibt. Hörgeschädigte können voll teilnehmen. Genauso wie Personen, die bewegungsbehindert sind, für die der Weg in die Praxis ein Problem ist. Kursteilnehmer können sich mit dem Coaching befassen, wo immer sie sind, vom Flughafen aus, im Dschungel oder in einer kleinen Ortschaft, wo sie sonst keine professionelle Hilfe bekommen. Jeder kann arbeiten, wann er Zeit hat oder innerlich am besten dazu aufgelegt ist. Zu dieser Zeit findet er jedoch nur im Ausnahmefall einen geeigneten Ansprechpartner. Das könnte beispielsweise sehr früh am Morgen sein oder die Zeit um Mitternacht, die sich oft besonders gut für diese Arbeit eignet. Es gibt Zeit zum Nachdenken und zum gedanklichen oder schriftlichen Ausprobieren verschiedener Alternativen.

Ein weiterer Vorteil ist oft, dass die Kursteilnehmer alles schriftlich vorliegen haben, also die Fehler des Coachs und auch die eigenen Fehler. Natürlich auch die nützlichen Hinweise des Coachs sowie die selbst erarbeiteten eigenen Fortschritte. Neben den Sabotagen, die sich oft sehr deutlich in Form von Fehlleistungen und Verzögerungen zeigen, sind auch die eigenen positiven, kreativen und mutigen Entscheidungen festgehalten.

TODESSEHNSUCHT UND LEBENSDRANG

Die tiefste Ursache einer Depression scheint der Konflikt zwischen Lebensdrang und Todessehnsucht zu sein. Durch Religionen wird häufig ungewollt die natürliche Todessehnsucht gesteigert. Besonders deutlich ist dies zurzeit beim Islam, der dem männlichen Gläubigen interessante Vergnügungen in Aussicht stellt, wenn er erst einmal tot ist. Dies war auch bei den alten Germanen so, denen nach der gängigen Vorstellung in Walhall viel Spaß winkte und wo man im Gegensatz zum Himmel der Muslime viel Met trinken konnte.

Im Christentum ist die größtmögliche Freude die Gegenwart Gottes, eine etwas theoretische Freude für einen großen Teil der Bevölkerung. Es ist bedauerlich, dass viele Nonnen und Mönche mit großen Verdiensten auf dem Gebiet der Heilkunde diesen, die Gesundung hemmenden und manchmal lebensfeindlichen Teil des Glaubens übersehen haben oder nicht erkennen wollten.

Buddhisten, die an die Wiedergeburt glauben, sehen dagegen als höchste geistige Entwicklung des Menschen an, wenn er die Stufe erreicht hat, auf welcher er nie wiedergeboren wird, nie wieder leben muss.

Natürlich ist auch für den Freigeist die Vorstellung, nicht mehr leben zu müssen, unter bestimmten Umständen sehr verführerisch oder zumindest eine große Erleichterung. Sokrates beispielsweise meinte: „Niemand kennt den Tod. Es weiß auch keiner, ob er nicht das größte Geschenk für den Menschen ist." Eine ähnliche Sichtweise schildert Romain, der vom Wunsch schreibt, vom „Leben befreit zu sein". Auch die letzten Zeilen von Joseph von Eichendorffs Gedicht vom Ringlein sind sehr eindringlich:

> „Hör ich das Mühlrad gehen,
> ich weiß nicht, was ich will –
> ich möcht am liebsten sterben,
> dann wär's auf einmal still."

Es scheint, dass der Wunsch, tot zu sein, in den tiefen Lagen unseres Unterbewussten **nicht** heißt, dass man bereit ist zu sterben. Im Gegenteil, in den tiefen Schichten stellen wir uns wohl vor, dass wir tot sein können, ohne sterben zu müssen. Die Angst vor dem Sterben ist in vielen Fällen sehr deutlich und sehr verständlich. Woody Allen sagte es einmal so: „Ich habe nichts gegen das Sterben, nur möchte ich nicht dabei sein."

Allerdings gibt es auch ein friedliches Sterben. Es scheint so, dass in Urzeiten natürliche Sterbenssituationen, z. B. durch Verhungern oder Erfrieren, für den Urmenschen sozusagen normal waren und weder Stressreaktionen noch besondere Schmerzen auslösten. Und diese genetische Programmierung besteht noch.

Während meiner Kriegsgefangenschaft war eine Zeit lang das Verhungern an der Tagesordnung. Dass es ein sehr ruhiges Sterben war, habe ich aus allernächster Nähe beobachtet. Nur in einem Fall habe ich davon gehört, dass ein Sterbender sich gegen das Sterben wehrte.

Schon auf einem frühen Stand der Entwicklung haben wir das Bedürfnis, einen Kompromiss zwischen Todessehnsucht und Lebensdrang zu finden. Eine grundlegende Depression ist wohl der kindliche Kompromiss zwischen „ich töte mich nicht" und „ich lebe auch nicht wirklich". Diese Depression hat eine Schutzfunktion. Solange sie die Herrschaft besitzt, besteht deshalb kaum die Gefahr der Selbsttötung. Ich vermeide lieber das Wort Selbstmord. Denn Mord bedeutet Tötung aus niedrigen Beweggründen. Im deutschen Strafgesetzbuch, § 211, heißt es: „Mörder ist, wer aus Mordlust, zur Befriedigung des Geschlechtstriebs, aus Habgier oder sonst aus niedrigen Beweggründen, heimtückisch oder grausam oder mit gemeingefährlichen Mitteln oder um eine andere Straftat zu ermöglichen oder zu verdecken, einen Menschen tötet." Das trifft eben bei der Selbsttötung, beim Suizid, normalerweise **nicht** zu.

Nicht wenige Therapeuten waren bedrückt, wenn ihre Therapie erfolgreich war, die Patienten aus der Schwermut auftauchten ... und sich dann umbrachten! Auch Medikamente zur Bekämpfung der Depression (Antidepressiva) können diese Wirkung haben, insbesondere bei Jugendlichen. Durch das Auftauchen aus der Depression waren die Betroffenen in der Lage eines Piloten, der den Mut bekommt, aus dem in Flammen stehenden Flugzeug zu springen, der aber vorher keinen Fallschirm angelegt hat!

Der Schutz, der dem Betroffenen in diesem Moment fehlte, war der vor einer bewussten erwachsenen Entscheidung im Gegensatz zur kindlichen Entscheidung „ich töte mich, wenn es mir zu viel wird". Eine erwachsene bewusste Entscheidung könnte sein: „Ich übernehme die Verantwortung für mein Leben und töte mich **nicht**, ohne alle Möglichkeiten mit Gefühl und Verstand durchgearbeitet zu haben." Eine erwachsene Grundentscheidung könnte sein: „Ich lebe wirklich, erlaube mir Faszination und Vergnügen und nutze meinen Mut und Verstand, um schwierige Situationen zu bewältigen. Und wenn meine Stunde schlägt, tue ich alles, um in Frieden mit mir und der Welt zu sterben."

Eine Neuentscheidung auf diesem Gebiet könnte als Grundlage einen Vertrag haben, der in der Transaktionsanalyse „Notausstiegs-Vertrag" genannt wird und den der Betroffene mit sich selbst schließt. Ein solcher Vertrag könnte beispielsweise folgende Form haben: „Egal was passiert, ich töte mich nicht. Ich töte keinen anderen Menschen, es sei denn in Notwehr. Ich werde nicht verrückt, egal was passiert."

Der Ausdruck „Notwehr" bezieht sich darauf, dass ich das Recht habe, zu töten, wenn jemand versucht, mich oder andere Personen zu töten oder schwer zu verletzen, zum Beispiel meine Kinder.

Die Kündigungsfrist für einen solchen Vertrag sollte nach meiner Auffassung und Erfahrung zwischen 24 Stunden und drei Tagen liegen. Kürzer als 24 Stunden wäre zu wenig, um alle Möglichkeiten zu durchdenken, denn oft ist es wichtig, „eine Nacht darüber zu schlafen". Selbst wenn ich in dieser Nacht kaum schlafe, wird an diesem Problem gearbeitet. Länger als drei Tage ist nicht ratsam, da ja das innere „Kind-Ich" diesen Vertrag mit schließen muss. Und drei Tage sind für ein kleines Kind eine lange Zeit! Wichtig ist auch, dass eine therapeutische Arbeit nicht in eine Art Gelübde mündet, dass die Freiheit auf unabsehbare Zeit einschränkt und deshalb oft gerade **nicht** eingehalten wird.

Eine Kündigungsfrist ist notwendig, weil ein Vertrag, der nicht gekündigt werden kann, kein echter Vertrag ist und deshalb eben auch oft gebrochen wird. Ich denke dabei an Ehen, die ohne Kündigungsmöglichkeit bis ans Lebensende gelten sollen und deshalb keinen Vertrag darstellen, sondern eine Art Gelübde.

Da ich davon ausgehe, dass jeder Mensch, sei es bewusst, sei es unbewusst, eine Todessehnsucht in sich trägt, schlage ich allen meinen Klienten vor, solch einen Notausstiegsvertrag zu schließen. Oft habe ich erlebt, dass nach einem Vertragsabschluss die Therapie, die sich auf ganz andere Gebiete bezog, deutlich erleichtert wurde.

SCHWERMUT UND HORMONE

Hormone und Überträgersubstanzen von Nervenreizen spielen bei Depressionen eine bedeutende
Rolle. Auffällig bei einer schweren Depression ist
der erhöhte Anteil des Hormons Cortisol (Hydro-
cortison). Es ist ein wichtiges Stresshormon, das
den Salz- und Wasserhaushalt in der Niere regu-
liert, Entzündungen hemmt und den Blutzucker-
spiegel erhöht.

Bei einer Reihenuntersuchung lag der Cortisol-
spiegel bei Depressiven um 68 % höher als beim
Durchschnitt der Gesunden. Ein erhöhtes Niveau
dieses Hormons geht mit der Senkung des aktivierenden männlichen Sexualhormons Testosteron
einher. Auch Frauen haben dieses Hormon, und
der Anteil liegt, wenn sie beruflich oder sportlich
sehr gefordert sind, über dem Durchschnitt. Auch
bei übermäßigem Alkoholgenuss ist dies der Fall.

Ein weiteres Stresshormon ist Adrenalin. Es mo-
bilisiert in einer Stresssituation die Energiereserven des Körpers. Wenn diese nicht genutzt werden, kann eine depressive Haltung ausgelöst
werden. Das gilt wohl für alle aktivierenden Hormone: Wenn ein zu hoher Anteil von ihnen langfristig aufrechterhalten wird, ohne genutzt zu

werden, ohne in Tätigkeit zu münden, ist gewöhnlich eine depressive Stimmung die Folge. Kurzfristiger Stress, der zu Aktivitäten genutzt wird, ist hingegen eher gesundheitsfördernd.

Weshalb Energiereserven zur Verfügung gestellt, aber nicht genutzt werden, liegt in der Mehrzahl der Fälle an einer programmierten Passivität.

Hier ist zunächst ein Beispiel, das zeigt, wie genetische Anlagen und spezifische Programmierbereitschaft zusammenarbeiten. Die Psychologin Susan Mineka führte am University of Wisconsin Primate Center eine Reihe von Experimenten durch, dabei auch dieses: Im Labor aufgewachsene Affen haben keine Angst vor Schlangen und greifen ohne zu zögern über eine Schlange hinweg, wenn sie eine Banane holen wollen. Zeigt man ihnen jedoch nur einmal ein Video, in dem ein Affe auf eine Schlange alarmiert reagiert, entwickelt der Affe eine dauerhafte Schlangenangst. Er wagt sich nicht einmal mehr an die der Schlange am nächsten gelegene Käfigseite, und schon gar nicht greift er über eine Schlange hinweg. Zeigt ein manipuliertes Video aber einen Affen, der dem Anschein nach vor einer Blume entsetzt zurückweicht, entsteht **keine** Angst vor Blumen, obwohl die beobachtete Reaktion ansonsten identisch ist. Furcht vor Schlangen lernen Affen durch Videofilme sofort, Furcht vor Blumen jedoch überhaupt nicht.

Was der Affe neben der Angstreaktion gezeigt hat, ist auch eine „programmierte Passivität". Im Falle von Angst könnte der Affe beispielsweise nach einem Stock oder Stein suchen, um die Schlange zu verjagen oder zu töten. Nein, er verzichtet sogar darauf, in den nahe der Schlange liegenden Käfigteil zu gehen. Er begrenzt also seinen Aktionsradius, oft genug zu seinem Nachteil.

Stillhalten und Untätigsein wird Kindern durch Maßregeln, Bestrafungen und Beispielverhalten der Erzieher beigebracht. Erzieher in diesem Sinn sind auch ältere Geschwister. Das Ergebnis kann sein, dass das Kind lernt, Gewässer und Ufer zu meiden, statt schwimmen zu lernen. Diese Verhaltensweisen löschen sich nicht von selbst, sondern bleiben das ganze Leben bestehen, wenn sie nicht nach Überwindung einer Angstschwelle geändert werden. Das Ändern kann bewusst oder unbewusst erfolgen. Nehmen wir als Beispiel einen Jüngling, der seiner Freundin zuliebe trotz großer Angst doch schwimmen lernt. Sobald er schwimmen kann, ist diese Angst überflüssig.

Die unbewusste Angst vor Autoritätspersonen, die schon lange tot sein können, spielt bei Erwachsenen auch heute noch eine beträchtliche Rolle. Anscheinend gibt es hier eine genetische Prägung. Wenn sich in einer Gruppe ein Mitglied gegen eine Autoritätsperson wendet, gerät es nicht nur selbst in großen Stress, sondern die anderen Gruppenmitglieder fühlen sich meistens veranlasst, gegen den Aufmüpfigen Stellung zu beziehen, **selbst wenn er ihre Interessen vertritt.** Und das tun diese Personen, obwohl sie vorher in persönlichen Gesprächen vielleicht seine Position nachdrücklich gebilligt hatten. Die Angst vor Autoritäten kommt eben aus einem ganz tiefen Keller.

Eine belastend-schwermütige Passivität kann im Falle eines Interessenkonflikts entstehen, der nicht bewusst bearbeitet wird. Wenn eine Frau sich von ihrem Ehemann trennen will, im Falle einer Trennung aber finanzielle Probleme befürchtet, scheint Nichtstun erst einmal ein vernünftiger Weg – allerdings keine Lösung des Problems. In solchen Fällen wird auch der Unterschied zwischen der unangenehm-melancholischen Passivität und einem bewusst und klar entschiedenen, zeitlich begrenzten Nichtstun deutlich. Während die bewusst entschiedene Phase für das Ausruhen und das Sammeln von Informationen bei einer gelassenen inneren Haltung genutzt werden kann, ist die depressive Passivität überwiegend belastend und behindert jede Tätigkeit, eben auch die, bewusst eine günstigere Lösung zu suchen.

Es ist leicht erkennbar, dass im Falle von Depressionen oder auch nur leichten depressiven Stimmungen die „programmierte Passivität" fast immer eine Rolle spielt. Und diese steht eben auch im Zusammenhang mit Hormonausschüttungen in die Blutbahn.

Was neben Stresshormonen im Falle von seelischen Tiefs möglicherweise die wichtigere Rolle spielt, ist ein Mangel an „Glückshormonen". Als Glückshormone könnten die folgenden fünf Substanzen bezeichnet werden:

1. Dopamin vermittelt ein behagliches Glücksgefühl.
2. Noradrenalin erzeugt ein Glücksgefühl und unterstützt die Kreativität.
3. Serotonin verhilft zu gutem Mut und liefert durch Weiterverarbeitung die Grundlage für guten Schlaf.
4. Endorphine (körpereigene Rauschmittel) bremsen die Schmerzempfindung und erzeu-

gen ein Glücksgefühl. Eine führende Rolle spielt das Beta-Endorphin.

5. Das Wachstumshormon hat eine verjüngende Wirkung.

Das Noradrenalin ist weiter oben als Stresshormon aufgeführt und taucht jetzt als Glückshormon auf. Das scheint im ersten Moment der Gipfel der Absurdität. Die Sache klärt sich, wenn wir entscheiden, ob wir unseren Antrieben nachgeben oder passiv bleiben. Erst Passivität erzeugt das Leid, nicht das Hormon an sich. Der Verliebte, der nur schmachtet, aber nichts tut, um sich der Geliebten zu nähern, widersetzt sich der hormonellen Botschaft „Geh ran!" und trudelt in eine melancholische Stimmung. Wenn er sich erkundigt, welche Blumen sie mag, tut er schon einen Schritt in die Glücksrichtung.

Selbst wenn er schließlich zurückgewiesen wird, hat er in gewisser Hinsicht einen Schritt vorwärts gemacht – natürlich nur, wenn er die Zurückweisung realistisch betrachtet und sich nach einer Weile nach neuen Möglichkeiten umsieht. Denn das Umgehen mit Zurückweisungen und mit beruflichen Rückschlägen usw. gehört ja sowieso zu einem erfüllten Leben. Und: Aus Zurückweisungen lernt man!

Beta-Endorphin wird ausgeschüttet, wenn ich gegen einen Gegner gewinne, beispielsweise bei einer Debatte mit einem politischen Widersacher, beim Kartenspiel oder beim sportlichen Wettkampf. Die Kehrseite der Medaille: Der aus Urzeiten stammende Glückshormon-Mechanismus sorgt für die Ausschüttung dieser Hormone, wenn wir den Rivalen oder Feind vertreiben, aber auch, wenn wir ihm Schaden zufügen, ihn verletzen, unterwerfen, quälen oder töten. Und schon die Vorstellung davon führt zum Hormonausstoß. Deshalb sind wohl Krimis und Berichte über Raub, Verletzungen, Folterungen und Morde so beliebt. Wer daran zweifelt, kann sich daraufhin einmal die Fernsehprogramme anschauen.

Eine entsprechende Vernetzung gibt es auch beim „Kampf gegen sich selbst". Das heißt, die eigene Verletzung, das „Sich-Selbst-Quälen" auch bei den religiösen Selbst-Auspeitschern (Flagellanten), kann neben dem Schmerz auch unterschwellig Lust oder Freude bereiten, genauso wie das „Sich-Quälen-Lassen" durch andere (Masochismus).

Die Ausschüttung dieser Hormone kann mit vielen, scheinbar gegensätzlichen Emotionen verbunden sein. Manchmal ist, wie erwähnt, Angst von Glückshormonen begleitet. Das gilt beispielsweise beim Fahren mit der Achterbahn, wo es für den Zuschauer durch die Angst-Lust-Schreie vieler Achterbahnfahrer deutlich wird.

Beta-Endorphine verhindern, dass Schmerzen, Stress und Erschöpfung, auch lebensgefährliche Erschöpfungen, voll wahrgenommen werden. Dem Herzinfarkt geht wahrscheinlich oft eine Ausschüttung dieses körpereigenen Rauschmittels voraus und führt zu einem Hochgefühl, einem „High". Sonst würde diese Person ihren Kreislauf nicht so überlasten. Sportler erleben häufig die Kombination von Glückshormonen mit viel Beta-Endorphin, was zu nicht wahrgenommener Überforderung verleitet. Das führt oft zu körperlichen Schäden manchmal sogar zum vorzeitigen Tod.

Ein Beispiel wäre ein Marathonläufer, der so lange läuft, bis Haut und Fußballen durchgelaufen sind, die Knochen also schon freiliegen, und der trotzdem weiterläuft. Der ursprüngliche Marathonläufer Pheidippides war ein Beispiel für ein solches Verhalten. Gemäß der Überlieferung hatten die Athener bei Marathon, einem Ort rund 40 Kilometer von Athen entfernt, den Sieg gegen die Perser errungen. Pheidippides rannte nun los, um den Athenern die frohe Botschaft zu überbringen.

Sobald er seine Nachricht überbracht hatte, brach er vor Erschöpfung tot zusammen. Ohne die Wirkung der körpereigenen Rauschmittel hätte er sich sicherlich zwischendrin ausgeruht und wäre noch viele Jahre am Leben geblieben. Die Athener hätten allerdings erst zwei Stunden später von ihrem Sieg erfahren.

Glückshormone werden durch Freude, Lust und Lüsternheit, Gesang, Musik, Tanz, Lachen usw. ausgeschüttet. Auch ist notwendig, dass wir uns ausreichend Bewegung und Ruhe erlauben, gesund schlafen, trinken und essen. Zudem ist es nötig, genügend Licht zu tanken. Es wird für die Produktion von Vitamin D, dem Sonnenhormon, gebraucht. Leider wird zu viel Licht auch schnell gefährlich für hellhäutige Menschen.

Weshalb ist Licht so notwendig? Nun, im Herbst und Winter wird der Regen kälter, manchmal fällt Schnee und es gibt weniger Licht, die Tage sind ja kürzer. Viele Pflanzen werfen ihre Blätter ab, um den Stoffwechsel stark zu reduzieren. Bei geringem Lichteinfall, kombiniert mit der Winterkälte, würde ja mehr Energie verbraucht, als durch Aufnahme von Licht, Wasser und Mineralien gewonnen werden könnte. Die dann oft tot aussehenden Bäume und Sträucher sind nicht etwa tot, sondern konservieren nur ihre Lebenskraft für das nächste Frühjahr, und manche haben bereits die Knospen für den kommenden Frühling vorbereitet.

Wenn weniger Gras da ist, wenn es fast keine Blätter mehr gibt, fehlt den pflanzenfressenden Tieren Nahrung. Sie können sich nicht genügend gegen die Kälte wehren, die Kalorien fehlen.

Bei vielen Tieren gibt es entsprechende Programme. Sehr deutlich ist das beispielsweise bei Hamstern, Igeln oder Murmeltieren. Die verschlafen den Winter. Den stark verringerten Stoffwechsel erhalten sie durch den Verbrauch ihrer Fettreserven aufrecht. Sie wachen nur selten auf, um ihren Urin abzusetzen. Andere Tiere halten nur Winterruhe, wie Eichhörnchen und Dachse, in der sie den Schlaf immer wieder einmal unterbrechen, um sich neue Nahrung zu suchen. Allerdings brauchen sie jetzt viel weniger, weil sie so viel ruhen. Gesteuert werden diese Verhaltensweisen durch Hormone. Sie werden ausgeschüttet, wenn die Tage kürzer werden und die Temperaturen sinken.

Auch bei uns Menschen gibt es solche Hormonausschüttungen, um im Winter weniger Energie zu verbrauchen als zu anderen Jahreszeiten. Wir halten zwar keinen Winterschlaf, haben aber weniger Tätigkeitsdrang und ein stärkeres Ruhebedürfnis. In unserer heutigen Kultur in Europa, Japan und Nordamerika und immer mehr Regionen gibt es für solche natürlichen Bedürfnisse wenig Verständnis. Jemand, der nicht voll leistungsfähig ist, gilt als schwach. Das wäre zu ertragen, wenn sich die Betroffenen nicht selbst so einstufen würden. Wenn sie sich keine Vorwürfe wegen ihrer Müdigkeit, Lustlosigkeit und Passivität machten und sich negative Bemerkungen anderer zu sehr zu Herzen nähmen.

In vielen Fällen kann eine bedrückende Gemütslage deshalb einer fast heiteren Gelassenheit Platz machen, wenn die betroffenen Personen ihre Stimmungslage als natürlich anerkennen und aufhören, im Selbstgespräch mit sich herumzuschimpfen. So würde aus einer qualvollen „Lebenserhaltungs-Depression" eine geradezu angenehme Schonphase werden, sobald man die Selbstvorwürfe mit bedrückenden Gefühlen durch Respekt vor dem schonenden Ruhebedürfnis getrennt hat.

Eine solche Änderung des inneren Dialogs ist allerdings nicht leicht. Oft ist vorher ein intensives Training notwendig, weil die Gewohnheit, unfreundlich mit sich selbst zu sein, so intensiv in sehr tiefen Schichten außerhalb des Bewusstseins verankert ist.

Dazu kommt, dass viele Menschen den Eindruck haben, sie würden einen Teil ihrer Persönlichkeit verlieren, wenn sie Verhaltensweisen ändern. Das ist natürlich nicht der Fall, aber jemand muss erst einmal den Mut haben, eine solche Veränderung durchzuführen, ehe er sich davon überzeugen kann, dass er die Persönlichkeit nicht verloren, sondern weiterentwickelt hat ... und es sich dadurch besser leben lässt. Nach der beschriebenen Weiterentwicklung ist es natürlich immer noch möglich, in die alten Verhaltensweisen zurückzugehen. Das neue Verhalten steht ja **zusätzlich** zur Verfügung! Die Entwicklung hat zwar einen neuen Kanal geöffnet, aber den alten **nicht** verschlossen. Das alte Sediment im Fluss der Entwicklung ist sozusagen noch vorhanden. Das alte Betragen wird aber voraussichtlich weniger angewandt, weil es eben weniger praktisch, weniger wohltuend ist.

Noch eines ist zu beachten: „Bei Depressionen aber scheint das Hirn zu erstarren wie die Vegetation im Winter", schreibt Stefan Klein. Leider erstarrt aber nicht der Teil der Gehirns, der immer wieder vortäuscht, dass Winterzeit sei, obgleich der Frühling schon lange angebrochen ist.

Nun, wenn Hormone so wichtig sind bei Depressionen, könnte man doch gleich eine ausgewogene Hormonbehandlung einleiten, nicht wahr? Leider funktioniert das anders. Die Hormone werden ja zum großen Teil aufgrund von Befehlen aus dem Zentralnervensystem aufgebaut, gespeichert und ausgelöst. Wenn nun das System so eingestellt ist, dass Nichtstun im Moment die beste Lösung scheint, wird eine Behandlung mit aktivierenden Hormonen keine Lösung bringen. Denn die Hormone werden auf Befehl der Zentrale entweder schnell abgebaut oder Gegenmittel werden in den Blutkreislauf gebracht. Der Befehl „erst einmal nicht tun!" besteht ja noch.

Wenn dies nicht geschieht, kann es passieren, dass der Weg frei gemacht wird für den unbewussten Todeswunsch, den der Depressive eben bisher durch seine Depression erfolgreich (wenn auch sehr unangenehm) gezügelt hatte!

DIE DEPRESSION ALS NOTBREMSE

Depressive Phasen sind eben nicht nur unangenehm, sondern haben auch wichtige Schutzfunktionen. Bereits erwähnt wurde, dass sie als Bremse vor einer impulsiven Selbstgefährdung oder Selbsttötung wirken. Auch wenn jemand aufgrund einer schweren Krankheit, und das ist auch eine echte Grippe, erschöpft ist, zeigt sich die positive Seite einer depressiven Phase. Dann verhindert sie, dass sich diese Person körperlich oder seelisch verausgabt. Das kann auch bei einem Geschäftsmann der Fall sein, dessen Firma vor dem Ruin zu stehen scheint, bei einem Manager, der einen neuen Arbeitskreis fern der Heimat übernommen hat, oder bei einer Mutter, der in der Schwangerschaft oder unmittelbar nach der Geburt einfach alles zu viel wird.

In all diesen Fällen wird verhindert, dass sich eine Person so übernimmt, dass es zum Herzinfarkt oder einer tödlichen Erschöpfung führen könnte. Randolph M. Nesse, Studienleiter an der US-Universität Michigan sagte sinngemäß: „Die Depression schützt uns davor, dass wir uns für etwas, was uns nicht gut tut, verausgaben. Sie erzwingt durch gefühlsmäßiges Erstarren einen Raum für Regeneration, Nachdenken und Neuorientierung."

Ein Arzt kann eine depressive Phase, die normalerweise nach einer Grippe auftritt, für den Patienten erträglich gestalten, indem er schon bei der Grippetherapie darauf hinweist, dass eine depressive Phase folgen wird, die eine wichtige Schutzfunktion hat. Und sagt, wie lange diese Phase voraussichtlich dauern wird.

Eine vergleichbare Information ist auch für die überlastete Mutter hilfreich oder für eine unter großem Druck stehende Schwangere.

Entsprechende Ratschläge kann auch ein Coach dem Unternehmer oder Manager geben, damit er eine solche Phase nicht nur als unverständliche Krankheit bewertet. Das könnte dann zum Griff zur Pille führen, der das Problem eher vergrößert. Das „Wegtherapieren" mit Medikamenten in einem solchen Lebensabschnitt kann also mehr Nachteile als Vorteile haben. Das Gleiche gilt für die Herbstdepressionen, wenn die Natur den Lebensrhythmus bremst, der Mensch aber aufgrund seiner Erziehung den Drang hat, mit der gleichen Energie wie in der hellen Jahreszeit weiterzumachen. Leider haben wir Menschen keinen wohligen Winterschlaf. Denn dieser bremst den Einsatz von Energie, wohl ohne auch nur einen Hauch von schlechten Gewissen oder düsteren Gefühlen zu verursachen.

Bei der bipolaren, der manisch-depressiven Krankheit, ist es anscheinend so, dass in der manischen Phase die normalen Bremssignale versagen. Dadurch entsteht die Gefahr, dass durch zu starke Aktivität das Leben gefährdet wird. Durch die depressive Phase, die eben die Notbremse darstellt, wird diese Gefahr jedoch wirksam vermieden.

Deshalb werden in solchen Fällen Medikamente verschrieben, die nicht die Depression, sondern die manische Phase bremsen, wie beispielsweise Lithium. Allerdings führen solche Medikamente leider nicht zu wirklichem Wohlbefinden, einmal wegen der Nebenwirkungen und außerdem, weil die Ursache des Leidens nicht erreicht wird.

Ein Opfer des biopolaren Krankheit, Wolfgang Baitz, erlangte nach seiner Aussage die Gesundheit ohne Medikmente und zwar durch die Zähmung der manischen Phase. Er schrieb darüber das Buch „Verloren im Labyrinth – Alternative Therapie für Manisch-Depressive". Das Buch kann auch aus dem Internet eingelesen werden (www.manisch-depressiv.de). Es scheint logisch, dass die depressive Stimmung nach der Zähmung der manischen Phase keine Funktion mehr hat und deshalb nicht mehr auftritt, zumindest nicht mehr in der so schwer erträglichen Form.

Paracelsus, der hervorragende Arzt des 16. Jahrhunderts, sagte, dass die Dosis das Gift macht. In einfachen Worten ausgedrückt: Wenn ich **wenig** genug Schlangengift zu mir nehme, kann es heilsame Wirkungen haben. Ist die Dosis hoch, werde ich krank oder sterbe.

Diese Einsicht auf das hier behandelte Gebiet angewendet, hieße, dass die manisch-depressive Krankheit auf einer zu hohen Dosis basiert. Im manischen Zustand ist diese Person übersteigert aktiv, die Schilddrüse und andere Drüsen füttern den Organismus fast ungehemmt mit aufpeitschenden Substanzen. Als letzte Rettung setzt jetzt die Gegenregelung ein, um einen vorzeitigen Tod oder Siechtum zu vermeiden. Und diese lebensrettende Gegenregelung ist eben die depressive Phase.

Solche „rettenden Gegenregelungen" gibt es nicht nur bei der bipolaren Krankheit, sondern alle Depressionen und viele andere Beschwerden wie Panikattacken und manche psychosomatischen Erkrankungen sind wohl solch rettende Gegenregelungen. Bei Panikattacken und anderen überzogenen Angstzuständen ist die Depression nicht selten die allerletzte Rettung, wenn nämlich eine Panikattacke nicht genügt und durch immer weitere Steigerung selbst lebensgefährlich wird. Die Depression beendet dann diesen Kreislauf und tritt offen auf den Plan. Dadurch wird leider nicht das Problem gelöst, aber zumindest die akute Lebensgefährdung verhindert. Durch die Depression wird ja ein Aufschub erreicht.

Jedoch „schützt" Depression eine Person mitunter auch vor einer Handlung, die im Gegensatz zum unbewussten Lebensplan steht. Beispielsweise verlangt der Lebensplan, sich unter keinen Umständen scheiden zu lassen, auf der anderen Seite ist die Partnerschaft unerträglich. Unter diesen Umständen unterstützt eine Depression das Verhalten, erst einmal gar nichts zu tun.

Auch ein Schutz vor nur scheinbarer tödlicher Gefahr wird wirksam, denn durch ein besonderes Ereignis, beispielsweise im vierzigsten Lebensjahr, werden die unheilvollen Gefühle wieder wach, die bei der Entstehung der verstärkten Depressionsneigung in der Kindheit eine Rolle spielten. Dabei ist es natürlich ein großer Unterschied, ob die tödliche Gefahr beispielsweise im ersten, dritten oder fünften Lebensjahr erlebt wurde. Hier folgt noch einmal die Grafik dazu. Der dunklere gestrichelte Bereich zeigt den Anteil, in dem eine genaue Erinnerung oft schwierig ist.

Erlebnis-Speicher

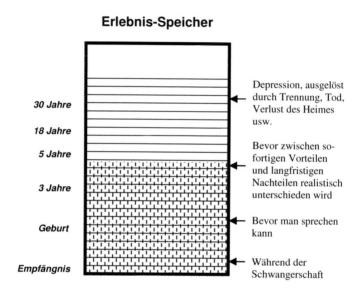

30 Jahre — Depression, ausgelöst durch Trennung, Tod, Verlust des Heimes usw.

18 Jahre

5 Jahre — Bevor zwischen sofortigen Vorteilen und langfristigen Nachteilen realistisch unterschieden wird

3 Jahre

Geburt — Bevor man sprechen kann

Empfängnis — Während der Schwangerschaft

Die unheilvollen Gefühle und Stressreaktionen werden fast ungemildert in der Gegenwart wieder erlebt. Und obgleich sie sehr stark sein können, ist die so betroffene Person anscheinend nicht nur ratlos, sondern auch gefühlsgehemmt, was die aktuelle Situation betrifft. Denn sie bekommt ja nur die Angst und das Bauchweh mitgeteilt, aber nicht das ganze Informations-Paket, weshalb dieses Gefühl und diese Körperreaktion da sind oder so stark sind.

Nehmen wir den Fall, dass ein Baby von den älteren Geschwistern in seinem Kinderwagen an einer einsamen Stelle vergessen wurde. In diesem Fall kommt ein ganzes „Paket" zum Tragen und ist Jahrzehnte später intensiv wieder da. Es besteht aus dem Eindruck der absoluten Hilflosigkeit, der schwärzesten Verzweiflung des Nichts-Machen-Könnens und der damit verbundenen Passivität. Dazu kann noch große Kälte oder Hitze eine Rolle spielen, zu langer Aufenthalt in grellem Sonnenlicht usw.

Das ist zwar verbunden mit den Gefühlen des machtlosen Zorns, der Angst und der Trauer, die ein Baby empfindet, das so allein gelassen wurde. Aber die entsprechenden Erinnerungen wie das seinerzeitige Schreien und Strampeln werden blockiert und die betroffene Person hat keine bewusste Erinnerung, woher diese unangenehme Verknüpfung aus fast unüberwindlicher Passivität mit Gefühls- und Reaktionsstarre kommt. Im Wortgedächtnis ist keine Information vorhanden. Das Kind konnte ja zu der Zeit noch nicht sprechen und Wörter verstehen. Es kann sein, dass die betroffene Person das seinerzeitige Strampeln in symbolischer Form zeigt: Sie bewegt während des Gesprächs unruhig die Beine oder klopft mit den Fingern auf den Tisch. Diese Person erkennt leider nicht, dass dieses „Paket" von eingefrorenen Gefühlen verbunden mit Hilflosigkeit jetzt nicht mehr gerechtfertigt ist. Die klare Kenntnis des ganzen Pakets fehlt.

Leider wird das gute Ende der damaligen Lage **nicht** erinnert: Das Baby wurde letztlich doch noch entdeckt, sonst würde diese Person ja heute nicht leben.

Der Eindruck der Hoffnungslosigkeit wird mitunter in späteren Jahren noch durch sich selbst widersprechende elterliche Botschaften verstärkt, die eine zusätzliche Sackgasse darstellen. Ein Beispiel einer derartigen Vernetzung, die nicht nur bei Depressionen eine Rolle spielt: Auf der einen Seite wurde dem Kind eingebläut, dass man immer die ganze Wahrheit sagen muss und nichts verheimlichen darf. Auf der anderen Seite wird gefordert, dass andere Personen nicht verletzt werden dürfen durch das, was man sagt.

Jemand, der solche Botschaften in seinen Lebensplan aufgenommen hat, steht vor dem Dilemma, dass alles, was sie in einer entsprechenden Situation tut, falsch ist. Allerdings nur so lange sie der Sackgassen-Botschaft gehorcht. Schon eine kleine Erlaubnis kann diese Art von Verklemmung lockern. Zum Beispiel trifft jemand eine Neuentscheidung wie folgt: „Ich erlaube mir, etwas zu verschweigen, und ich erlaube mir, etwas zu sagen, auch wenn der andere sich verletzt fühlen könnte".

Diese Formulierung führt praktisch nie dazu, dass sich diese Person veranlasst sieht, hemmungslos vieles zu verschweigen. Die Wirkung ist eher, dass sie sich bewusst wird, wie oft sie unnötigerweise geschwiegen hat. Und seltener schweigt, weil sie sich ja gleichzeitig erlaubt, etwas zu sagen, was sie vorher als verboten empfand. Diese Person nahm bewusst wahr, wie oft sie die Neigung hatte, im Gegensatz zu den gemeinsamen Interessen zwecklos zu schweigen, und wie viel Unheil dieses Schweigen mit sich brachte! Deshalb schweigt sie selten, wenn reden sowohl im eigenen Interesse liegt als wahrscheinlich auch im Interesse des Gesprächspartners.

Nesse und Williams weisen darauf hin, dass Menschen oft depressiv werden, wenn ihre Fähigkeiten die ihres Chefs übersteigen. Auch dies ist eine

Sackgasse. Solche depressiven Verstimmungen können als Schutzfaktor bereits bei sehr geringfügigen Anlässen auftreten.

Wenn jemand abhängig ist oder sich abhängig fühlt, sei es von Familienangehörigen, sei es von Vorgesetzten, die unbedingt ihre Überlegenheit demonstrieren wollen, kann die abhängige Person in eine depressive Stimmung verfallen, weil sie Dinge besser kann. Denn wenn sie das zeigen würde, würde sie vielleicht ihre Stellung oder finanzielle Vorteile verlieren. Da die Entscheidung, lieber deprimiert zu sein, als Nachteile zu riskieren, unbewusst ist, kann sie in dieser Phase nicht bewusst abwägen, was vorteilhafter ist. Solange die betroffene Person sich nicht die Situation bewusst klarmacht, bleibt die Neigung, bei der depressiven Stimmung zu bleiben, selbst wenn ihr die Flut der Nachteile bereits bis zum Hals steht.

Die Depression hat eben auch den Vorteil: Sie erlaubt mir, etwas nicht zu tun, was ich nach eigener Einschätzung „eigentlich tun müsste". Indem ich verharre und resigniere, entziehe ich mich den Gefahren, die von neuen Schritten ausgehen. Das „es hat doch keinen Sinn", das Treten auf der Stelle, das Verharren in Vergangenem schützt vor der Ungewissheit des Neuen, Unbekannten.

In einem solchen Fall entscheiden sich eben viele Menschen unbewusst, sich zu grämen und solche Belastungen und Verstimmungen in Kauf zu nehmen, aber in der warmen Vertrautheit zu bleiben. Das scheint günstiger, als sich dem (oft nur vermeintlichen) Schrecken des Handelns auszusetzen. Dies ist der Fall, wenn sich jemand beispielsweise immer wieder über sein Schicksal beklagt: eine Firmenleitung, die keine Chance gibt, ein verständnisloser Ehepartner oder ein Staat, der nicht genügend unterstützt. Wenn dieser Person gesagt wird: „Dann ändere es doch!", wird sie vielleicht erwidern: „So einfach geht das nicht!"

Dass Notbremsfunktionen nicht notwendigerweise schmerzhaft sein müssen, zeigt das folgende Kapitel.

DIE WOHLTUENDE PASSIVITÄT

Unter dem Zustand einer „wohltuenden Passivität" verstehe ich eine Art Totstellreflex, den wir in verschiedenen Ausformungen in der Tierwelt finden und der wohl bei menschlichen Depressionen beteiligt ist. Es mag sein, dass der Begriff nicht ins Schwarze trifft. Aber beim Lesen meiner persönlichen Erlebnisse werden Sie sich vielleicht an ähnliche Erfahrungen erinnern. Ich schildere zunächst zwei kurze Phasen dieser Art von Passivität, gekoppelt mit dem Fehlen von Gefühlen und vielen Körperreaktionen – was in den folgenden Fällen letztes Endes hilfreich war:

Es war am 25. April 1945, ich war Panzergrenadier und vor Kurzem einem Panzerjagdkommando zugeteilt worden, das an einem anderen Abschnitt der Westfront eingesetzt wurde. Allmählich war ich zu der Überzeugung gelangt, dass der Krieg für Deutschland sowieso verloren war. Als ich erfuhr, dass die Sowjetarmee meinen Heimatort besetzt hatte, schien es mir mehr als absurd, im Westen weiterzukämpfen. In meinen Gedanken herrschte jedoch statt Klarheit nur Chaos. Ich schwankte, ob ich versuchen sollte, in westliche Kriegsgefangenschaft zu kommen, oder mich in den Osten durchschlagen sollte, um zu helfen,

Stalins Soldateska (ich nehme hier absichtlich den Ausdruck, den ich seinerzeit im Kopf hatte) zurückzuwerfen. Aus heutiger Sicht war das völlig unsinnig, aber als Siebzehnjähriger, der keine vernünftigen Informationen bekam, war ich damals sicherlich nicht der Einzige mit abstrusen Ideen.

Nachdem ich mich während eines Gefechts von meiner Truppe entfernt hatte, fasste ich einen gefährlichen Entschluss: Ich beseitigte den Reichsadler und das Hakenkreuz von meiner Uniform, behielt aber meine Maschinenpistole (MP 44) und sechs mit Munition gefüllte Reservemagazine. Die Panzerfaust hatte ich einfach irgendwo im Wald liegen lassen.

Als ich den Wald verließ, stieß ich auf eine deutsche Stellung. Die Soldaten lagen so gut getarnt in Schützengräben, dass ich sie zu spät entdeckte. Ein Hauptfeldwebel mit goldener Nahkampfspange tauchte aus einem Erdloch auf und fragte, wo meine Einheit sei. Ich antwortete, dass ich versprengt sei. Meine ganze Einheit habe sich beim Gefecht über ein weites Gebiet innerhalb des Waldes verteilt, und ich suchte nun wieder den Anschluss. Der Hauptfeldwebel, der wohl meinen fehlenden Reichsadler mit Hakenkreuz bemerkte, zog seine Pistole und richtete sie auf mich: Laut einem Führerbefehl gäbe es keine Versprengten, das seien alles Deserteure, und ich würde jetzt standrechtlich erschossen.

In diesem Moment tauchte der Vorgesetzte des Mannes auf, ein Leutnant, der zufällig mein Leutnant war, bevor ich dem Panzerjagdkommando zugeteilt wurde (ich nehme es Ihnen nicht übel, wenn Sie das nicht glauben, aber es war halt so). Er erkannte mich sofort und erinnerte sich sogar, dass ich Schüler war. Er gab mir den Befehl, mich an die Frontleitstelle des nächstliegenden Ortes zu begeben, um dort wieder meiner Einheit oder einer anderen Einheit zugeteilt zu werden.

Ich grüßte militärisch, machte mich auf den Weg und wunderte mich, dass ich bei der Vorbereitung zum Erschießen keinerlei Gefühle gehabt hatte, vor allem keine Angst, ich war einfach gleichgültig geblieben. Auch Körperreaktionen wie Händezittern, weiche Knie, Einnässen oder Durchfall hatte ich nicht gehabt. Ich hatte auch keinen Drang verspürt, aus dieser Situation zu entkommen. Einfach überhaupt nichts.

Auf meinem weiteren Weg kreuzte ich die Grenze des Frontverlaufs, ohne es zu merken. Von einem amerikanischen Doppelposten wurde ich weitergewinkt und lief in Richtung Gefangenenlager. Auf einmal hielt ein Lastkraftwagen neben mir: Ein amerikanischer Soldat drückte mir seine Pistole an den Kopf und brüllte für mich unverständliche Befehle, die wohl mit Flüchen und eher volkstümlichen Anspielungen auf mein abnormes Sexualleben gespickt waren. Das aber waren Ausdrücke, die ich im Unterricht nie gelernt hatte. In meinem besten Schulenglisch antwortete ich ihm: „I do not understand you, Sir." Darauf krakeelte er noch lauter, wohl in dem Glauben, sich dadurch verständlicher zu machen. „I am sorry, I do not understand you, Sir", sagte ich noch mehrmals.

Nach weiterem Geschrei wies er mich mit einer Geste an, einen Weg entlangzugehen, was ich auch tat. Auch bei dieser Szene war ich zwar verdattert, aber dennoch vollkommen ruhig, heute würde ich sagen, frei von Stress und frei von jedem Antrieb, wegzulaufen.

Weiterhin völlig gleichmütig lief ich in der angezeigten Richtung weiter. Erst nach einer Weile wurde mir klar, dass ich noch meine Maschinenpistole auf dem Rücken und die sechs Magazine mit Munition auf der Brust hatte. Das passte kaum zu Kriegsgefangenschaft. Ich wunderte mich, dass mir keiner der Amis die Waffe abgenommen hatte (selbst heute wundere ich mich noch darüber). Als niemand in der Nähe war, nahm ich die Maschinenpistole ab, demontierte sie und warf die einzelnen Teile an verschiedenen Stellen in einen Bach. Ich wollte verhindern, dass jemand die Waffe zusammensetzen könnte. Auch die Munition verstreute ich so.

Langfristige Phasen der hier dargestellten „wohltuenden Passivität" lernte ich erst später am eigenen Leib kennen: Ich gelangte in das Kriegsgefangenenlager und nach einiger Zeit wurden wir von dort in ein Lager nach Voves in Frankreich gebracht. Nachdem es von den Franzosen übernommen worden war, begann eine sehr schlechte Zeit für uns. Der seinerzeitige Kommandant war offenbar unfähig und hielt auch nichts von der Genfer Konvention. Nach wenigen Wochen begann das große Sterben – es verging wohl kein Tag, ohne dass die Anzahl der Toten wuchs.

Eines Nachts starb auch der Kamerad, der infolge der Platznot in den Zelten dicht neben mir lag. Dass er tot war, merkte ich erst, als ich am Morgen aufwachte. Ich hatte keinerlei Gefühlsregung und wunderte mich darüber.

In den folgenden Monaten durchlebte ich in einem weiteren Lager eine lange Phase der Gleichgültigkeit, die nur unterbrochen wurde, wenn eine Möglichkeit auftauchte, etwas zu essen zu bekommen. Das Leben war elend, aber ich war nicht wirklich traurig, hatte weder Angst noch Zorn, auch keinen Drang, das Lager zu verlassen, was natürlich mit zusätzlicher Todesgefahr verbunden gewesen wäre. Ich wusste nicht, wann diese Leidenszeit enden und ob ich das Ende überhaupt erleben würde. Die Unterernährung wird bei diesem Zustand eine Rolle gespielt haben, aber eben nur teilweise; den anderen Teil trug sicherlich die wohltuende Depression bei, die wohl das Ziel hatte, durch Passivität mein Leben zu bewahren. Man könnte das auch als Stoizismus bezeichnen.

Jahre später erkannte ich erst: Die chronisch wiederkehrenden Krankheiten (Mandelentzündungen und Migräne), die mich vor meiner Soldatenzeit gequält hatten, waren während dieser Zeit völlig verschwunden. Allerdings hatte ich Probleme wie Schwindelanfälle und Fantasien, die ich auf die starke Unterernährung zurückführte. Meine Kameraden hatten das auch, und wie erwähnt, starben viele. Beim morgendlichen Zählappell fielen immer mehrere Gefangene vor Schwäche um. Sie blieben so lange liegen, bis die Zählung beendet war.

Mandelentzündungen und Migräne kehrten etwa drei Monate nach meiner Entlassung zurück, als ich zwar nicht viel, aber doch wesentlich mehr zu essen bekam, und wir im Winter wenigstens ein beheiztes Zimmer hatten. Daraus schloss ich sehr viel später, dass es sich hier um psychosomatische Krankheiten gehandelt hatte. Die Migräne konnte ich durch Psychotherapie heilen, die Mandeln wurden mir entfernt, bevor ich Kenntnisse von psychosomatischer Therapie hatte. Interessanterweise wurden mir diese Zusammenhänge erst Jahrzehnte nach dem Krieg klar.

Bei vielen anderen Depressionen, die alles andere als wohltuend erlebt werden, spielt allerdings nicht diese genetische Passivität eine maßgebliche Rolle, sondern eine andere von drei Formen von Passivität. In der Folge führe ich alle drei Formen auf.

DREI FORMEN VON PASSIVITÄT

Diese drei Formen, die anschließend beschrieben werden, sind:

A– Genetisch programmierte Passivität (im Genetischen Speicher)

B – Selbst Programmierte Passivität (Im Erlebnis-Speicher)

C– Bewusst gewollte Passivität (im Freien Bereich)

A– *Genetisch programmierte Passivität:* Zum Beispiel der erwähnte Totstellreflex. Dem Betroffenen ist normalerweise nicht bewusst, was dabei vor sich geht. Er hat den großen Vorteil, dass starke Spannungen vermieden werden und Energie gespart wird. Von Anfang an wird keine Energie in die Vorbereitung einer Tätigkeit gesteckt. Der Drang, etwas zu tun, wird nur auf eng begrenzten Gebieten aufgebaut. Das gilt beispielsweise beim hungernden Gefangenen, wenn eine Gelegenheit auftaucht, sich ohne unmittelbare Lebensgefahr Nahrung zu verschaffen.

Hier nun ein Beispiel aus der Tierwelt für genetisch programmierte Passivität. Viele Schlangen orten ihre Beute nach Bewegung (sie können nicht gut sehen) und nach einer Geruchsspur, die mit der gespaltenen Zunge aufgenommen wird. Sie gehen deshalb an Beutetieren vorbei, deren Spur sie gerade nicht verfolgen, wenn diese still sitzen bleiben. Früher glaubte man, Maus oder Kaninchen und andere Tiere würden von der Schlange hypnotisiert, denn sie wirken wie unter Hypnose, weil sie einen Stillhaltereflex haben. Das ist ein angeborenes Verhalten in einer bestimmten bedrohlichen Situation. Nähere Beobachtungen zeigten, dass dieses Stillhalten in den meisten Fällen lebensrettend ist. Während der passiven Phase beobachtet das Beutetier die Schlange und kann so eine günstige Gelegenheit für die Flucht nutzen. Das könnte sein, wenn die Schlange durch etwas abgelenkt wird oder die frühere Spur weiter verfolgt.

Die Maus kann verhältnismäßig gefahrlos davonlaufen, sobald die Entfernung zum Reptil so groß ist, dass es unmöglich blitzschnell zuschlagen kann. Die Energiereserve der Maus ist auf Stillhalten und erst spätere Flucht konzentriert.

Allerdings hat die Maus Pech, wenn es sich bei der Schlange um eine Grubenotter handelt, die einen Infrarotsensor hat, also das Beutetier nicht durch Bewegung, sondern durch dessen Körperwärme ortet. Das ist in dem anscheinend älteren Genetischen Speicher von Nagetieren noch nicht vorgesehen. Dann ist Stillhalten sinnlos genauso wie beim Menschen, wenn der Angreifer ein Löwe ist, den man gerade verletzt hat oder ein hungriges Wolfsrudel im Jagdfieber, das auch einen still stehenden Menschen als Beute einstuft. Und Beute wird in diesen Fällen eben mit einem Geruchssinn gefunden, der viel weiter reicht als der einer Schlange.

Ist der potenzielle Angreifer dagegen ein Pflanzenfresser, beispielsweise ein Stier, ist die Lage für einen regungslosen Menschen besser. Der Stier stürzt sich normalerweise auf das nächste sich bewegende Objekt und lässt den reglosen Torero in Ruhe. Den Totstellreflex finden wir oft im Tierreich, beispielsweise auch bei Insekten.

Zumindest bei höher entwickelten Tieren ist es interessant zu beobachten, dass auch die Möglichkeit einer „spezifischen Passivität" vorgeprägt sein kann. Dabei wird, statt nichts zu tun, eine mitunter sogar hektische Tätigkeit an den Tag gelegt. Diese Tätigkeit trägt aber in keiner Weise etwas zur Lösung des gerade anstehenden Problems bei. Ich nenne das eben deshalb „spezifische Passivität".

Bei Tieren nennt man das auch Übersprunghandlung. Ein Beispiel ist der Hahn, der gerade mit einem anderen Hahn um die Vorherrschaft kämpfte, auf einmal beginnt, eifrig auf dem Boden zu scharren oder sein Gefieder zu putzen, statt den Kampf weiter zu führen. In Bayern nennt man das „Gschaftlhuberei".

B – Selbst Programmierte Passivität: Sie ist dem davon Betroffenen meistens nicht bewusst, zumindest ist ihm der Grund nicht bekannt. Hier sind modernere Verhaltensweisen möglich, denn sie wird ja im Leben eines Menschen angelegt und nicht aus der Vorzeit übernommen. Deshalb kann man sie auch als „gelernte Passivität" bezeichnen, wobei sowohl der Lernvorgang als auch die Anwendung im Wesentlichen unbewusst abläuft. Das ist bei Programmierungen im Erlebnis-Speicher üblich.

Bei dieser Passivität wird sehr viel Energie verbraucht und starke Körperreaktionen und ungute Gefühle entstehen. Es findet sozusagen ein innerer Kampf statt zwischen einem bereits aufgebauten natürlichen Drang, etwas zu tun (Hilfeschreie, anklammern, wegrennen, schlagen, treten, beißen usw.) und dem programmierten Verbot, gerade das zu tun. In diesem Fall werden Nervenbahnen aktiviert, der Blutdruck wird erhöht, Muskelspannungen erzeugt, Hormone ausgeschüttet, aber die vorbereiteten Aktivitäten werden durch innere Verbote blockiert. Die Blockierung kostet nochmals zusätzliche Bremsenergie. Es ist vorstellbar, dass bei Depressionen dieses Programm mit für die scheinbar grundlose Erschöpfung, für die rätselhafte Schwäche verantwortlich ist, welche die Depression normalerweise begleitet.

Auch bei Gesunden kann die spezifische Passivität eine Rolle spielen. Dafür ein harmloses Beispiel: Ich nehme mir vor, einen Brief zu schreiben, dessen Inhalt problematisch ist. Sobald ich am Schreibtisch sitze, merke ich, dass ich meine Brille verlegt habe. Ich gehe sie suchen, und sobald ich sie gefunden habe, sehe ich, dass der Papierkorb schon überquillt. Deshalb nehme ich ihn zum Container für Papierabfall und leere ihn dort aus. Auf dem Rückweg sehe ich, dass ich den Wagen schlecht geparkt habe und stelle ihn ordentlich hin. Beim Aussteigen merke ich, dass die Autotür klemmt. Sofort rufe bei der Werkstatt an und lasse mir einen Termin geben. Danach gehe ich beruhigt an meinen Schreibtisch, um endlich den beabsichtigten Brief zu schreiben ... und merke, dass ich bei meinen Tätigkeiten irgendwo meine Brille liegen gelassen habe.

C – Bewusst gewollte Passivität: Auch in diesem Fall ist wieder der natürliche Drang, etwas zu tun, bereits aufgebaut, jedoch wird die Aktivität aufgrund einer bewussten Entscheidung im Freien Bereich blockiert, es handelt sich um ein bewusst gewolltes Nichtstun. Auch hier entstehen Nachteile durch Energieverluste und nachteilige Gefühle müssen in Kauf genommen werden. Sie werden später häufig in Gesprächen mit Freunden abreagiert („Am liebsten hätte ich diesem Idioten ein paar in die Fresse geschlagen!"). Bei dieser Art von Passivität haben wir den großen Vorteil, dass sie durch eine Entscheidung sehr schnell zu beenden ist und deshalb für Therapeuten und Ärzte keine nennenswerte Rolle spielt.

Bei dieser Entscheidung muss die betroffene Person nicht das ganze Problem auf einmal lösen. Sie kann mit einer Entscheidung für eine teilweise Aufhebung des früheren Entschlusses bereits eine viel bessere Situation herstellen. Beispielsweise kann die frühere Entscheidung, gar nichts zu tun, also auch nicht zu sprechen, geändert werden in: „Ich spreche mit Rechtsanwalt Dr. X."

THERAPEUTISCHE VORSORGE

In einer Therapie nach dem hier beschriebenen Modell sind folgende Maßnahmen wichtig:

1. als Vorsorge den zuvor beschriebenen „Notausstiegsvertrag" erarbeiten und abschließen;

2. den Klienten helfen, ihre Beschwerden als Ziele zu formulieren;

3. die Ursache der Depressionsneigung so weit wie möglich herausfinden;

4. verinnerlichte Sackgassen-Maßregeln herausfinden und dem Klienten helfen, sie zu formulieren. (Ein Beispiel für eine Sackgassen-Maßregel: „Man muss immer offen und ehrlich die Wahrheit sagen", kombiniert mit: „Darüber spricht man nie!"). Danach Erlaubnisse zu finden, um diese negativen Botschaften abzumildern oder zu neutralisieren;

5. die Vorteile von Passivität und Depression anerkennen, selbst wenn diese Vorteile aus heutiger Sicht so geringfügig erscheinen, dass es gar nicht Wert scheint, sich mit dieser Seite zu beschäftigen;

6. den oder die Auslöser der Depression besprechen;

7. die Information des guten Endes der ursprünglichen Notlage auch in die Schicht der Entstehung einführen. Wie das Einführen des guten Endes nach Punkt 7 aussehen kann, habe ich bereits dargestellt: Es handelt sich um die Frau, die nicht in ein bestimmtes Alpental gehen wollte und nach der Besprechung gern in dieses Tal ging;

8. heutige Fähigkeiten und Wahlmöglichkeiten in die Entstehungsschicht einführen.

Weshalb ist Punkt 1 (Vorsorge) so wichtig? Nun, wenn eine Depression, durch welche Therapieart oder durch welches Ereignis auch immer, sehr zügig beendet wurde, fehlt eben auch die Notbremse, und ein Unfall ist dann eher möglich. Das scheint für denjenigen unlogisch zu sein, der glaubt, dass ein Mensch sich nur selbst tötet, weil er die Depression nicht mehr erträgt.

Wenn man aber einen anderen Standpunkt einnimmt, dass ein Mensch depressiv wird, weil der schon seit langer Zeit bestehende Wunsch, tot zu sein, so stark wird, dass nur noch die Notbremse einer starken Depression ihn vor der Selbsttötung retten kann, siegt eben erst einmal die Bremse. Allerdings bremst sie damit auch den letzten Rest der Lebensfreude. Hier ein Zitat, das sehr ernst zu nehmen ist: „Nicht wenige Patienten führen ihren Suizid gerade dann aus, wenn von ärztlicher Seite eine längerfristige Besserung absehbar scheint." (Artikel vom 23.01.2004. Umgang mit suizidalen Patienten. Laufen am Abgrund, Prof. Dr. Asmus Finzen, Dr. Ulrike Hoffmann-Richter.)

ENTWICKLUNGSBEISPIELE

Um die beschriebene Art von Vernetzungen aufzuzeigen, greife ich hier vorübergehend auf Beispiele zurück, die nicht mit Depressionen zu tun haben.

Hier ist ein solcher Fall: Wenn eine Mutter während der Schwangerschaft lange Zeit unter starkem Stress steht, hat sie meistens einen Mangel an Testosteron. Ist das Ungeborene ein Junge, wirkt er später feminin. Das allein wäre kein Nachteil, sind doch hervorragende Künstler oder Wissenschaftler so geprägt. Wenn er aber im Kindergarten von anderen Jungen als weibisch verlacht wird, könnte seine (unbewusste) Schlussfolgerung sein: „Ich bin weniger wert als die anderen Jungen", und entscheiden: „Ich muss mir mehr Mühe geben, um anerkannt zu werden."

Wenn es beim ersten Sexualkontakt mit einem Mädchen nicht klappt und er von ihr verspottet wird, werden die Weichen auf ein weiter sinkendes Selbstwertgefühl gestellt. Hierzu folgt die Grafik:

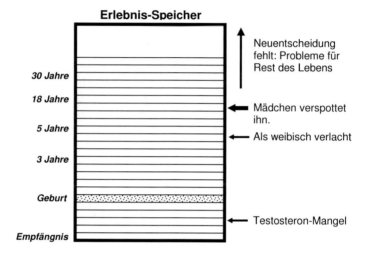

Erlebnis-Speicher

30 Jahre
18 Jahre
5 Jahre
3 Jahre
Geburt
Empfängnis

Neuentscheidung
fehlt: Probleme für
Rest des Lebens

◀ Mädchen verspottet
ihn.

◀ Als weibisch verlacht

◀ Testosteron-Mangel

Das Ergebnis: Dieser Mann vergeudet Energie, um zu beweisen, dass er besser ist. Eine besonders zerstörerische Entscheidung erwähnte der SS-Arzt Dr. Fischer, der im Todeslager Auschwitz eingesetzt war. Vor Gericht sagte er, dass er 1933 in die SS eingetreten sei, weil das die härteste Organisation war, und er meinte das zu brauchen, da er zu sensibel, zu wenig männlich war. Dabei hätte seine hohe Sensibilität und das, was er als „zu wenig männlich" bezeichnete, gerade dazu führen können, dass er ein besonders guter und erfolgreicher Arzt für seine Patienten geworden wäre.

Ein völlig anderes Beispiel der Vernetzung, hier im frühen Kindesalter: Manche Kindermädchen streicheln die Genitalien der ihnen anvertrauten Kleinkinder, wenn sie nicht aufhören zu schreien, obgleich sie gefüttert, trockengelegt, geschaukelt werden und ihnen etwas vorgesungen wird. Viele Kinder beruhigen sich durch dieses Streicheln. Nun kann dieses Kleinkind eine Vernetzung aufbauen, die, in der Sprache der Erwachsenen ausgedrückt, lauten würde: „Wenn ich intensiv genug schlechte Laune äußere, bekomme ich sehr wohltuende Streicheleinheiten."

Nehmen wir an, mit 16 Jahren bekommt ein solcher Mann von einem Mädchen, die „eigentlich" nicht wollte, sexuelle Streicheleinheiten, weil sie seine noch schlechtere Laune vermeiden möchte. Nun ist die Vernetzung deutlich verstärkt. Unser Mann wird, wenn er sich nicht korrigiert, immer wieder besonders schlechte Laune äußern, wenn er sexuelle Bedürfnisse verspürt ... ein Verhalten, das später aber häufig sein Ziel verfehlt. Hier folgt die Grafik dazu:

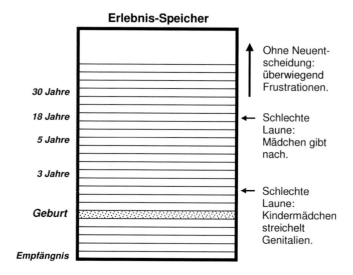

Erlebnis-Speicher

30 Jahre

Ohne Neuentscheidung: überwiegend Frustrationen.

18 Jahre
5 Jahre

Schlechte Laune: Mädchen gibt nach.

3 Jahre

Geburt

Schlechte Laune: Kindermädchen streichelt Genitalien.

Empfängnis

Es gibt allerdings Paare, die unbewusst eine Lösung gefunden haben: Sie haben schlechte Laune und streiten sich regelmäßig, bevor sie Sex haben. Voraussetzung ist hier, dass beide Partner die Vernetzung haben: „Nach schlechter Laune gibt es gute sexuelle Streicheleinheiten." Während sie streiten, sind sie sich ihres Endzieles aber nicht bewusst. Der Streit ist hier in erster Linie nicht ein Kampf um die Macht, sondern ein besonderes Vorspiel.

Entsprechende Verhaltensweisen, die genetisch programmiert sind, kann man bei Tieren beobachten, beispielsweise bei den sonst so friedlichen und niedlichen Koalabären. Sowohl Weibchen wie Männchen holen sich Sex durch Vergewaltigungen, die mit einem bei diesen Tieren nicht erwarteten riesigen Gekreisch einhergehen.

Jetzt noch ein Beispiel zu psychosomatischen Krankheiten. Der „unterbewusste Wunsch, krank zu sein", scheint erst einmal absurd, wollen wir doch alle gesund und fröhlich sein, nicht wahr? Die Neigung zu psychosomatischen Krankheiten liegt meist in einer tiefen Schicht. Lapidar ausgedrückt:

**Eine psychosomatische Krankheit
ist eine der Sprachen des kleinen Kindes.**

Hier ein Beispiel: Eine Klientin, die wegen einer beginnenden Krebserkrankung kam, hatte eine lange Leidensgeschichte hinter sich. Mehr oder weniger alle zwei Jahre musste sie „unters Messer". Ihre Krebsoperation konnte noch verschoben werden und so blieb Zeit für die Analyse und eine entsprechende Änderung der inneren Einstellung.

Als wichtigstes Element schälte sich heraus, dass diese Frau schon als kleines Kind zu wenig Zuwendung und Beachtung gefunden hatte. Als sie fünf Jahre alt wurde, wurde ausnahmsweise ein schönes Geburtstagsfest veranstaltet. Übermütig stieg die Fünfjährige auf einen hohen Tisch und sprang hinunter. Dabei fiel sie so unglücklich, dass sie sich ein Bein brach. Sie wurde sofort behandelt, das Bein wurde geschient und eingegipst.

In der Folgezeit wurde sie von ihren Geschwistern in einem Wägelchen herumgefahren, solange das Bein noch nicht geheilt war. Als ich sie fragte, wie sie diese Zeit erlebt habe, lächelt sie selig und meinte: „Das war damals die schönste Zeit meines Lebens!"

Sie bekam in wenigen Wochen mehr Zuwendung, als sie bisher in ihrem Leben bekommen hatte. Außerdem stand sie im Mittelpunkt und konnte Anweisungen geben, ohne etwas tun zu müssen.

Hier folgt die Grafik dieser Frau. Sie heiratete jung, aber die vom Ehemann erwartete Zuwendung blieb aus. Kurz danach begannen Krankheiten, bei denen chirurgische Eingriffe notwendig wurden.

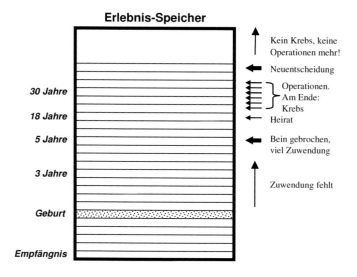

Erlebnis-Speicher

Kein Krebs, keine Operationen mehr!

Neuentscheidung

30 Jahre — Operationen. Am Ende: Krebs

18 Jahre — Heirat

5 Jahre — Bein gebrochen, viel Zuwendung

3 Jahre — Zuwendung fehlt

Geburt

Empfängnis

Es gibt Menschen, die meinen, dass Krebs nur durch Chemotherapie, Bestrahlung oder Operation geheilt werden kann. Ich füge deshalb im Literaturanhang einige Zitate von Jörg Blech an. Daraus ergibt sich folgendes Bild: Der menschliche Körper erzeugt immer wieder einmal Krebszellen, die sich von gesunden Zellen nur minimal unterscheiden. Ist das Immunsystem geschwächt, sei es genetisch bedingt, sei es durch Bewegungsmangel, Rauchen, falsche Ernährung und so weiter, kann sich Krebs ausbreiten. Bei all den genannten negativen Gewohnheiten gibt es einen Grund dafür, und dieser liegt oft in einem zu negativen

Skript, einem zu negativen unbewussten Lebensplan, etwa in dem Sinn: „Nur wenn ich tot bin, hat das Leiden ein Ende". Dieser kann auch weniger kategorisch sein: „Nur während einer Genesung geht es mir wirklich gut." Allerdings besteht die Gefahr, dass der Zeitpunkt einer möglichen Heilung mit den heutigen Mitteln überschritten wird.

Das Immunsystem kann eben auch durch ein seelisches Trauma oder eine „unkämpferische Einstellung" der Person geschwächt werden. Hinweise gibt es dafür. Ein Beispiel: die Sterberate an der asiatischen Grippe im ehemaligen Deutsch-Ostafrika. Nachdem sich 1918 die deutsche Truppe aufgrund der deutschen Kapitulation ergeben hatte, wurden die Kriegsgefangenen gut behandelt und verpflegt, auch bekam jeder Offizier beispielsweise einen schwarzen Boy. Es starben über die Hälfte der deutschen Offiziere an der Grippe. Von den siegreichen britischen Offizieren starben dagegen im gleichen Zeitraum rund 12 %.

Eine andere Zahl sollte uns auch zu denken geben: Nach Kriegsausbruch 1939 gingen Krebserkrankungen im Deutschen Reich um rund die Hälfte zurück.

Aber auch schützende Programmierungen können das ganze Leben beeinflussen. Beispielsweise hatte ein Dreijähriger, der im Sommer im Auto seines Vaters warten musste, das Handschuhfach geöffnet und dort einen Nugatriegel gefunden, der wohl seit Monaten oder gar Jahren dort gelegen hatte. Der Junge aß das vergorene Nugat und verdarb sich gründlich den Magen. Er reagierte heftig, bekam Magenkrämpfe und musste erbrechen. Viele Tage danach hatte er noch Schwierigkeiten und fühlte sich schlecht. Sechzig Jahre danach sagte er mir, er habe in seinem Leben nie wieder Nugat gegessen.

DIE MASKIERTE DEPRESSION

Dieses Leiden findet seit Jahrzehnten immer weitere Verbreitung. Zum ersten Mal wurde es von Schinuk 1947 beschrieben. Der Ausdruck „maskierte Depression" bedeutet, dass die infrage stehende Person durch eine depressive Phase geht oder sie aufrechterhält, ohne dass sie selbst oder andere das erkennen.

Die üblichen Anzeichen einer Depression fehlen, und sichtbar wird nur die „Maske", zum Beispiel: extreme Fettleibigkeit, Magersucht, Schmerzen (Kopf, Nacken, Schulter, Wirbelsäule, Gelenke, Bauch usw.), Schwindel, Störungen im Verdauungssystem, Herz-Kreislauf-Probleme usw. Eine maskierte Depression kann auch hinter schwer heilenden Wunden und Infektionen stecken. Die Heilung einer „Maske" durch Medikamente, Physiotherapie oder Chirurgie ist schwer, solange die unterschwellige Depression nicht aufgelöst wird. Wenn die Therapie doch gelingt, erscheint normalerweise bald ein Rückfall, ein anderes Leiden oder ein Unfall „passiert", wird unbewusst provoziert. Es kann natürlich auch sein, dass die offene Depression auftaucht.

Nicht selten neigen Psychotherapeuten dazu, fast alle solche Störungen als „Maske" zu betrachten. Hier ist Zurückhaltung ratsam. Sigmund Freud drückte es bei der psychoanalytischen Traumdeutung im Hinblick auf sexuelle Symbole einmal so aus: „Manchmal ist eine Zigarre wirklich nur eine Zigarre!" Und bei Schulterschmerzen könnte man sagen, manchmal tut eine Schulter eben auch weh, weil ein Ziegelstein darauf gefallen ist.

Frau Dr. Isabel Concha an der Universität von Chile ist überzeugt, dass die maskierte Depression sich vor allem aus den beiden folgenden Gründen ausgebreitet hat:

Der moderne westliche Mensch verliert seine Fähigkeit, die eigenen Gefühle zu leben und direkt auszudrücken. Dadurch verschiebt er seine Konflikte auf das Gebiet des Körpers.

Der herrschende Materialismus macht es einfacher, körperliche Symptome anzuerkennen denn seelische Konflikte. Das fördert die Neigung zur Somatisierung (zur Verlagerung in den körperlichen Bereich).

Wenn es sich bei einer körperlichen Störung um einen maskierten seelischen Konflikt handelt, ist die Heilung nur durch den Patienten selbst möglich. Therapeuten können nur Hilfestellung geben, um den darunter liegenden Konflikt zu erkennen. Dann ist es ratsam, eine Entscheidung zu erleichtern, um ihn anders zu handhaben als über die „Maske" oder die unmaskierte Depression.

Die häufigste Maskierung einer Depression sehe ich bei den Krankheiten, bei denen unser Immunsystem gebremst wird. Einzelheiten sind im Kapitel über die Selbstheil-Organisation dargestellt.

DEPRESSION UND AGGRESSION

Viele Depressionen scheinen auf den ersten Blick geradezu das Gegenteil von Aggressivität darzustellen. Beim genauen Hinblicken ist das anders. Einmal wird in diesem Zustand fast stets eine tödliche Aggression gegen die eigene Person recht deutlich, zum anderen gibt es oft verdeckte aggressive Verhaltensweisen gegen andere Personen, häufig Familienmitglieder.

Hier ist ein Beispiel, das einen statistischen Zusammenhang von Selbsttötung auf der einen Seite und Tötung anderer Personen andererseits herzustellen scheint. Diese Untersuchung wurde Mitte des vorigen Jahrhunderts durchgeführt. Zwei katholische Länder wurden dafür ausgewählt: Mexiko und Österreich. In beiden Ländern gab es pro 100.000 Einwohner jährlich durchschnittlich 23 Tote, sei es durch Freitod, sei es durch Tötung durch einen Mitmenschen (Mord oder Totschlag). In Österreich waren es jährlich 22 Freitode und eine Tötung, in Mexiko 22 Tötungen und ein Freitod.

Eine Rolle für die Bevorzugung der Tötung anderer schien zu spielen, dass in der mexikanischen Verfassung festgelegt ist, dass jeder Bürger das

Recht hat, Waffen zu tragen. Bis in die siebziger Jahre des vergangenen Jahrhunderts waren beispielsweise Pistolen und Revolver waffenscheinfrei bis zum Kaliber .38, das sind 9,65 Millimeter. Später wurde das waffenscheinfreie Kaliber auf 6,5 Millimeter gesenkt. Aber auch damit ist die Tötung von Mitbürgern kein Problem. Waffen waren in Österreich nicht frei erhältlich, ihr Besitz an Vorschriften gebunden.

Außerdem herrschte in Österreich eher eine passiv-depressive Neigung vor, die tödliche Aggression gegen die eigene Person als weniger schlimm einstufte als die Aggression gegen andere. Das stand im Gegensatz zu den offiziellen christlichen Vorstellungen. In den Kriegen wurden von kirchlichen Würdenträgern durchaus Waffen gesegnet, auch Soldaten, die den Feind in die Schranken wiesen. Mir ist kein Fall bekannt, dass ein Feldgeistlicher den Soldaten ans Herz legte, keinen Feind zu töten. Die Selbsttötung war dagegen ein absolutes Tabu, ein Verbrechen gegen Gott.

Bei der Beerdigung wurde und wird oft noch ein großer Unterschied gemacht zwischen Menschen, die andere Menschen getötet hatten und sogenannten Selbstmördern. Feldherren, Politiker und Offiziere, die für den Tod und schwere Verletzungen von Zehntausenden feindlicher Soldaten und Zivilisten, auch Frauen und Kindern, verantwortlich waren, konnten ehrenvoll auf einem christlichen Friedhof beerdigt werden. Für Menschen, die sich selbst getötet hatten, aus welchen Gründen auch immer, wurde und wird nicht selten die Bestattung auf dem „Gottesacker" verweigert.

Dass Menschen an sich von der Natur aus mit Aggressionstendenzen ausgerüstet sind, scheint plausibel, wenn wir sehen, wie selten lange Friedensperioden in der Menschheitsgeschichte waren. Es gab nicht nur Kriege um Throne und Plünderungsfeldzüge um Gold und Silber, um Kolonialland oder Sklaven. Es gab auch Privatkriege (Fehden), die von den kirchlichen Autoritäten im Heiligen Römischen Reich Deutscher Nation durch den „Gottesfrieden" gebremst werden sollten: Während der „treuga paci dei", dem Gottesfrieden, sollten die Privatkriege von Mittwoch bis Montag früh ruhen.

Außer Fehden gab es Rachefeldzüge und für uns sinnlos erscheinende Kriege. Ein Beispiel dafür sind die Kriege der Azteken gegen ihre Nachbarn, mit dem einzigen Ziel, Menschen für religiöse Menschenopfer zu bekommen. Neben Kriegen gab es immer wieder auch Aufstände und Revolten, Bandenkriege zum Beispiel von Rauschgift-kartellen und Religionsmassaker, die fast regel-mäßig mit Grausamkeit geführt wurden und wer-den. Jemand drückte das so aus: „Fast alle Religionen predigen: ‚Töte nicht!' ... und sie tö-ten."

Unterdrückte Gefühle

Der Unterschied zwischen Gefühlen, die ausge-drückt werden, und unterdrückten Gefühlen ist gewaltig. Starke Gefühle, die lange Zeit hindurch immer wieder unterdrückt wurden, suchen einen meist nachteiligen Ausweg bei einer vergleichs-weise geringfügigen Provokation. Das gilt nicht nur für die Aggression, sondern auch für Gefühle wie Angst, Freude oder Trauer. Trauer ist etwas ganz anderes als Depression. Wenn Trauer ausge-lebt wird, ist die Person getröstet. Jemand, der die Depression auslebt, kennt diese Tröstung nicht.

Jetzt kann man aber fragen, weshalb Freude und Lust nicht ausgelebt und ausgedrückt werden soll-ten. Die Antwort ist nicht schwierig, wenn wir uns daran erinnern, wie wir erzogen wurden. Die Warnung von Autoritäten vor Lust, Sprüche der Erwachsenen, wie „Freu dich nicht zu früh!", in-direkt ausgedrückte Hinweise, dass ein anständiger Mensch in erster Linie gehorcht und hart arbeitet, haben eine reiche, aber traurige Ernte gebracht. Im Januar 2005 akzeptierte ein spanischer Bischof den Gebrauch von Kondomen, weil dadurch das Aidsrisiko verringert würde. Er wurde sofort vom Vatikan zurückgepfiffen, weil durch diese Erlaubnis der Unzucht Tür und Tor geöffnet würde. Als wenn Katholiken eine Vaginalbefeuchtung beziehungsweise eine Erektion bekämen, wenn sie an Kindersegen denken.

Selbst die heutige größere Offenheit hat noch nicht dazu geführt, dass alle inneren Bremsen gelockert wurden. Wenn das Thema Sexualität angesprochen wird, kann man auch heutzutage eine gesteigerte Anspannung messen, beispielsweise mit einem Biofeedback-Gerät, das Änderungen im Hautwiderstand anzeigt, und damit auch geringfügige Abweichungen des Grades der Aufregung sichtbar und hörbar macht.

Da Sexualität und Zärtlichkeit zur üppigen Ausschüttung von Glückshormonen führen, ist eine zu starke Angst vor Lust und Freude nachteilig. Auch Sprichwörter, wie: „Den Vogel, der früh singt, frisst abends die Katz'!", und in Spanien beispielsweise: „No hay noches alegres sin mañanas tristes" (Es gibt keine fröhlichen Nächte ohne traurige Morgenstunden!), haben eine starke Wirkung auf das Unterbewusste, weit hinaus über das, was der Zitierende sich vorgestellt hat und der Angesprochene bewusst bemerkt.

Und Trauer? Nun wer hat nicht als Kind gehört: „Weine nicht!" oder „Hör' endlich auf zu heulen!" Und Angst? Nicht als Schutzfaktor wurde sie erkannt, sondern völlig unrealistisch ausschließlich als Schwäche angesehen. Insbesondere Jungen durften (dürfen) diese Art der Gefühle nicht zeigen, nicht haben.

Depressive Zustände können manchmal schlagartig aufhören, wenn bisher verdrängte „verbotene Gefühle" akzeptiert und ausgedrückt werden. Der depressive Nebel, der Schutz zu bieten schien, lichtet sich. Die Gefühle sind in diesem Fall frei auszudrücken, d. h. die Person muss sich erlauben, ungeniert Schlagübungen zu machen, gellend zu schreien, hemmungslos zu weinen oder aus vollem Herzen zu lachen. Die Übungen hierfür erfordern natürlich einen entsprechend geschützten Raum und die Hilfestellung einer erfahrenen Therapeutin oder eines entsprechenden Therapeuten.

WANN FREUT SICH EIN BUCKLIGER?

Menschen mit Geld, die depressiven Stimmungen unterworfen sind, versuchen oft, ihre schlechte Stimmung mit der Freude am Luxus auszugleichen. Diese Tretmühle des Luxus funktioniert immer nur vorübergehend. Nachdem der letzte Rolls-Royce, die größere Jacht oder der neueste Turbo-Jet gekauft ist, wird er zur Routine und es muss etwas anderes her. Sobald man aufhört zu treten steigt das Wasser wieder, werden die negativen Gefühle wieder stärker. Das Fehlen von Zärtlichkeit, Liebe, Anerkennung der eigenen Person und nicht als Besitzer eines Rolls-Royce, wird bedrängend. Die überspielte depressive Stimmung taucht wieder auf. Es fehlt das Gefühl, mit sich selbst im Reinen zu sein.

Das untergründige Wissen, dass es keine Möglichkeit gibt, den Mangel an Liebe, auch an Selbstliebe und Heiterkeit durch Macht und Geld zu befriedigen, schränkt den vollen Genuss am Luxus ein. Letzten Endes ist die Freude dann so kurz wie bei der jüdischen Scherzfrage: „Wann freut sich ein Buckliger?" Antwort: „Wenn er einen sieht, der 'nen größeren Buckel hat als er!" Man könnte beim nach Luxus Strebenden also sagen: „Er freut sich, wenn er einen sieht, der weniger Luxus hat!"

So, wie es eine heimliche Freude, einen nicht bewusst wahrgenommenen Vorteil gibt, existiert auch eine heimliche Bürde, eine nicht bemerkte oder nicht vollständig bemerkte Last. Die Belastung, die ein Mensch bisher von einer nahestehenden, auch einer geliebten Person hatte, ist verschwunden. Das Gleiche kann ihm auch mit seinem Eigentum passieren, das Freude und Sicherheit vermittelte, aber doch auch Bürde war, oder mit der täglichen Tretmühle selbst eines sehr gut laufenden Betriebes.

Wenn ein Mensch sein Heim oder seine Heimat verloren hat, die Firma aufgegeben wurde, wenn er sich von einem nahestehenden Menschen trennen musste und seine Gefühle, seine Trauer, bisher verdrängte Gefühle wie Zorn oder Angst akzeptiert, tritt er oft ein in eine angenehme Phase von Kreativität und überraschender Schaffensfreude.

KRANKHEITSGEWINNE

An dieser Stelle zuerst ein Hinweis: Der Titel dieses Buches vertritt die Auffassung, dass eine Depression etwas anderes ist, als das, was wir im Allgemeinen als Krankheit bezeichnen. Trotzdem schreibe ich hier von Krankheitsgewinnen. Das tue ich, weil sich dieser Begriff weitgehend eingebürgert hat, obgleich es sich dabei nicht immer um eine Krankheit handeln muss. Ausdrücke wie „Gewinn durch Handlungs-Unfähigkeit" oder „Schadensgewinn" wären zutreffender, werden sich aber wohl kaum durchsetzen.

Ein Unfall kann zu einem „Krankheitsgewinn" führen, ja, auch ein reiner Sachschaden kann zu solch einem Gewinn führen. Beispielsweise, wenn ich durch einen Verkehrsunfall, bei dem nur Sachschaden entstand, etwas nicht tun konnte, was ich zugesagt hatte. Der Gewinn ist, dass ich etwas nicht tun konnte, was ich sowieso viel lieber nicht getan hätte. Ich bin unschuldig. Beispielsweise konnte ich am Examen nicht teilnehmen, weil ich eben diesen Unfall hatte. Vor dem Examen hatte ich aber höllische Angst, und der Unfall verschaffte mir nun einen Aufschub, also eine Art Krankheitsgewinn.

Wie anhand einer statistischen Untersuchung die Neigung zu Unfällen deutlich wird, zeigt ein Beispiel des Psychosomatikers Alexander aus dem Jahre 1950. Bei der Untersuchung von Autounfällen in Connecticut entdeckte man, dass in einem Zeitraum von sechs Jahren Folgendes beobachtet wurde: Eine kleine Gruppe von nur 3,9 % aller Fahrer mit Unfällen hatte 36,4 % aller Unfälle verursacht. Ein Unternehmen, das viele Lastwagenfahrer beschäftigte, versetzte die Fahrer mit den meisten Unfällen in andere Arbeitsgebiete. Mit dieser einfachen Maßnahme konnten die Lastwagenunfälle um ein Fünftel herabgesetzt werden. Allerdings zeigten die Arbeiter, die als Lastwagenfahrer die meisten Unfälle gehabt hatten, diese Unfallneigung auch am neuen Arbeitsplatz.

Alexander schloss daraus, dass in den meisten Unfällen eine Art Überlegung eine Rolle spielt. Diese Überlegung ist aber unbewusst. In anderen Worten, die Unfälle wurden ohne es zu merken, aber absichtlich, verursacht.

Sigmund Freud, der als Arzt Krankheiten behandelte, sprach von zwei Arten, nämlich von primärem und sekundärem Krankheitsgewinn:

Primärer Krankheitsgewinn:

Hier geht es darum, durch Krankheit Anforderungen, Stress und Gefahren aus dem Weg zu gehen, beispielsweise eben einer gefürchteten Prüfung oder einer als zu schwer oder gefährlich empfundenen Arbeit.

Stress entsteht übrigens nicht nur bei Mobbing, Arbeitsüberlastung oder Partnerschaftszoff. Auch abrupte Klimawechsel, zu große Menschenansammlungen usw. bedeuten unter Umständen massiven Stress.

Sekundärer Krankheitsgewinn:

Hier handelt es sich darum, Zuwendung, Sympathie oder Rücksicht anderer Personen zu erlangen.

Es gibt noch weitere Krankheitsgewinne außerhalb der hier genannten beiden Kategorien, beispielsweise:

- Macht ausüben,
- Rachsucht befriedigen,
- Versuch, Gleichheit (Gerechtigkeit) herzustellen,
- Neigung, es Autoritäten recht zu machen.

Im Folgenden gebe ich einige Beispiele dafür:

Macht ausüben

Wenn eine Person in einer Genesungsphase an den Rollstuhl gefesselt ist, dirigiert sie, wohin sie gefahren werden will. Nun kann sich bei ihr unbewusst der Wunsch festsetzen, wieder in eine solche Phase zu kommen, wieder dirigieren zu können. Für die Genesungsphase ist eine vorangehende Krankheit oder ein Unfall Voraussetzung. Und so etwas wird dann unbewusst hergestellt.

Rachsucht befriedigen

Hier verweise ich auf das genannte Beispiel der Frau, die Blutkrebs hatte und nicht geheilt werden wollte, weil sie die größtmögliche Bestrafung für ihren Mann wollte.

Drang, Gerechtigkeit herzustellen

Hier ist ein Beispiel von mir selbst: Mein Bruder wurde im Krieg gegen Russland durch viele Granatsplitter verwundet. Ein Bein wurde so schwer zerstört, dass es ab Mitte Oberschenkel amputiert werden musste. Ganz tief in mir tauchte bald darauf die Vorstellung auf, dass ich auch eine schwere Verletzung mit Amputation haben müsse. Das formte sich regelrecht zu dem Wunsch, so verletzt zu werden und verfolgte mich, als ich selbst Soldat war.

Ich traute mich aber nicht, mit einem anderen darüber zu sprechen, weil ich diese Vorstellung für so krankhaft und absonderlich hielt, dass niemand das erfahren durfte.

Für mich war es wie eine Befreiung, als der Psychiater Dan Casriel bei einer Fortbildung in seinem New Yorker Institut von seiner Vorstellung erzählte, mindestens einen Arm verlieren zu müssen. Er befand sich als Soldat mit seiner Truppe auf einer kleinen Pazifikinsel, auf der diese sich gegen die zahlenmäßig überlegenen Japaner verteidigen musste. Bei ihm tauchte die Vorstellung auf, er müsse einen Arm verlieren. Sein Bruder war kurz vorher schwer verletzt worden und ihm musste ein Arm amputiert werden. Jetzt empfand Casriel es so, als ob zwischen den Brüdern Gerechtigkeit hergestellt werden müsse.

Er wurde aber nicht verwundet und kam heil aus dem Krieg. An den „Wunsch", einen Arm verlieren zu müssen, dachte er noch lange und fand solche Wünsche auch bei seinen Patienten.

Es Autoritäten recht machen

Mengenmäßig spielen Krankheiten eine große Rolle, die auf negative Maßregeln von Autoritätspersonen zurückzuführen sind. Das sind in erster Linie Eltern oder Eltern-Ersatzpersonen, andere Verwandte wie Großeltern, Onkel und Tanten, ältere Geschwister usw. In zweiter Linie beispielsweise Kindermädchen, Erzieher oder religiöse Autoritäten. Diese Personen geben oft unbewusst dem Kind weiter, dass krank zu sein, zu leiden, Schicksal ist – oder sogar verdienstvoll sei. Außerdem wird krankmachendes Verhalten vorgelebt wie übermäßiges Trinken, Rauchen, Drogengebrauch, schädliches Essverhalten, extreme Passivität, lang anhaltende Spannung oder Verkrampfung, Überarbeiten oder Sport ohne Rücksicht auf den eigenen Körper, das Unterlassen von rechtzeitigen Ruhepausen usw. Sobald das zu Krankheiten führte und so vorgelebt wurde, unterstützt es den Nachahmungstrieb des Kindes mit entsprechend fatalen Folgen. Nicht einmal, wenn die infrage stehende Person später bewusst wahrnimmt, wie nachteilig das ist, führt der Weg automatisch ins Freie.

Zwischen Eltern und Kindern kann es auch zu Spannungen kommen, die erst einmal schwer verständlich sind. Hier ein Beispiel: Eine Mutter kam mit ihrer fünfjährigen Tochter in die Praxis. Das Kind war am ganzen Körper von Warzen übersät, auch im Gesicht. Hier erschien mir eine Art Placebobehandlung angebracht, mit der in solchen Fällen häufig schnelle Heilerfolge möglich sind. Ich bat das Mädchen, mir eine Warze zu zeigen, die sie mir verkaufen wolle. Sie zeigte auf dem Handrücken auf eine Stelle und ich malte mit einem Filzschreiber einen Kreis um diese Warze und kaufte diese für eine Mark ab. Das Geld sollte sie erst bekommen, wenn die Haut an dieser Stelle wieder glatt war, als Beweis, dass die Warze nicht mehr ihr, sondern mir gehörte. Bei diesem Vorgehen schaute mich das Kind so an, als ob das ein interessantes Spiel sei, vielleicht als ob es wüsste, dass sie die Warzen selbst wegmachen könne. Darüber wurde aber nicht gesprochen.

Die Mutter war mit dem „Kauf" einverstanden und wir vereinbarten eine Überprüfung in 14 Tagen. Die Mutter kam nicht zum Termin und hatte sich auch nicht abgemeldet. Nachdem ich eine Weile nichts von ihr gehört hatte, rief ich an. Auf meine Frage sagte sie, dass eine weitere Konsultation überflüssig sei, alle Warzen seien inzwischen verschwunden. Ich bat sie, trotzdem zu kommen, denn ich wollte dem Kind die Mark für „meine" Warze geben. Die Frau lehnte in einem sehr brüsken Ton ab. Und genauso brüsk lehnte sie ab, wenigstens ihrer Tochter eine Mark mit einem Gruß von mir zu überreichen.

Ich sah zu diesem Zeitpunkt bereits, dass ich mit hoher Wahrscheinlichkeit einen Fehler bei der „Heilung" der Warzen gemacht hatte. Die Warzen hatten eine wohl positive Funktion gehabt, und die fiel jetzt durch meine so günstig erscheinende Behandlung weg. Vielleicht war die Mutter in gewisser Weise eifersüchtig auf die Tochter, die wegen ihrer Schönheit bewundert wurde, während die Mutter weniger attraktiv war.

Jetzt bestand die Gefahr, dass die Mutter das wieder attraktiv aussehende Kind schlecht behandelte. Das Kind könnte nun auf eine schlimmere Krankheit oder einen Unfall zurückgreifen. Da ich keine Möglichkeit einer sinnvollen Intervention meinerseits sah, entschloss ich mich, in diesem Fall nichts mehr zu unternehmen und in Zukunft erst das Verhältnis zwischen Eltern und Kind zu bearbeiten, ehe ich in solchen Fällen handle.

Wenn eine Mutter sich so wie im geschilderten Fall verhält, gehe ich davon aus, dass es später für eine betroffene Tochter ratsam ist, eine teilweise Abkehr von ihrer Mutter zu erarbeiten. Und das sollte geschehen, bevor mit der Veränderung von sehr alten Programmen begonnen wird. Denn solange diese Beziehung nicht bereinigt ist, besteht in tiefen Schichten noch der Drang, es der Mutter recht zu machen. Und das könnte im geschilderten Fall sein, „nicht allzu schön zu sein" oder im Extremfall sogar „überhaupt nicht da zu sein".

Bei den Krankheitsgewinnen kann der Gewinn sozusagen nur in einer Vorstellung bestehen. Gegenüber dem Leiden, das in Kauf genommen werden muss, kann der wirkliche Vorteil minimal sein. Oder es gibt überhaupt keinen Vorteil, sondern nur die Vorstellung davon.

Das können wir uns vor Augen halten, wenn wir das bereits früher erwähnte Tai-Chi-Symbol erinnern, bei dem im schwarzen Bereich der weiße Punkt winzig klein sein kann.

Bei den Krankheitsgewinnen ist, wie beschrieben, oft kein wirklicher, sondern ein erhoffter Gewinn das Motiv. Angewendet auf das oben Gesagte würde das bedeuten: „Die Mutter wird freundlicher sein, wenn ich nicht so schön bin". Und diese Mutter ist das dann auch wirklich, aber manchmal nur die Mutter im eigenen Kopf, die vorgestellte Mutter.

Etwas Anderes ist es bei der Depression, bei der es immer auch einen vielleicht nur winzigen, aber doch sehr realen Gewinn gibt, nämlich die im Kapitel „Die Depression als Notbremse" beschriebene Funktion: Es gibt erst einmal einen Aufschub! Es gibt Raum für Überlegungen zu dem, was passieren kann, wenn der Versuch eines Freitods nicht in die vorgestellte Freiheit führt. Ein Selbsttötungsversuch könnte ja auch mit einer schweren Behinderung oder einem geistigen Defekt enden! Eine depressive Phase gibt Zeit, zum Abwägen von Vor- und Nachteilen, zum Finden eines günstigeren Weges aus einer vielleicht nur **scheinbar** hoffnungslosen Lage.

Daraus ergibt sich die Frage: Was würde passieren, wenn Menschen beim Beginn einer depressiven Phase sagen würden: „Ich begrüße dich, Depression! Denn ich weiß, du willst mir helfen. Und ich werde dich gehen lassen, sobald ich eine annehmbare Lösung gefunden habe?"

DIE SELBSTHEIL-ORGANISATION

Hier folgt eine kurze Darstellung der natürlichen Selbstheil-Organisation unseres Körpers. Dies ist in Bezug auf das Thema dieses Buches wichtig, wenn durch die maskierte Depression Heilungsprozesse verhindert oder verzögert werden.

Bei körperlicher Heilbehandlung kann man von zwei hauptsächlichen Vorgehensweisen ausgehen:

1. Krankheitserreger können durch Jod, Antibiotika oder Sulfonamide vernichtet werden. Neubildung von Viren kann durch Virostatika verhindert werden. Kranke Körperteile und entarte Zellen können herausoperiert, ungesunde Neubildungen durch Verödung verhindert werden usw.

2. Die Krankheitsursachen werden nicht direkt bekämpft, sondern die Selbstheil-Organisation wird unterstützt und kann dadurch Krankheitskeime und entartete Körperzellen leichter und schneller beseitigen oder unschädlich machen. Dass dieser Heilansatz sehr bedeutend sein kann, wird klar, wenn wir uns vor Augen halten, dass auch bei den ärgsten Infektionskrankheiten wie Pest oder

Cholera immer wieder Menschen von der Krankheit verschont blieben oder ausheilten, während ein großer Teil der Bevölkerung ausgerottet wurde. Auch bei Krebs gibt es immer wieder Spontanheilungen. Diese sind Aufgabe des Immunsystems. Durch eine gesunde Lebensweise und positive seelische Einstellung werden wird es unterstützt. Das Abtun von Spontanheilungen als unwichtige Ausnahmen scheint mir verantwortungslos zu sein.

Bei Krankheiten, bei denen weder Infektionen noch Zellentartungen vorliegen, wird eine andere Abteilung der Selbstheil-Organisation eingesetzt: Zum Beispiel werden Muskelspannungen verringert oder erhöht. Das Gleiche gilt für Drüsenfunktionen. Unterstützt werden können diese Umstellungen durch Massagen, Entspannungsübungen und andere Methoden.

In der vorliegenden Abhandlung geht es darum, das Immunsystem zu unterstützen, seine Schwächung zu verhindern und seelische Bremsen abzubauen, die es behindern oder blockieren. Diese Behinderungen müssen auch abgebaut werden, wenn Funktionen, beispielsweise von Drüsen oder Muskeln, gestört sind.

Aufgaben der Selbstheil-Organisation

Als Selbstheil-Organisation bezeichne ich hier das Immunsystem zusammen mit anderen Heilfunktionen, zum Beispiel, wenn gebrochene Knochen zusammenwachsen, wenn neue Haut oder Knorpelmasse gebildet wird oder wenn ungünstige Dauermuskelspannungen beseitigt werden, die beispielsweise einen verschobenen Wirbel der Wirbelsäule in einer ungünstigen Position aufrechterhalten hatten. Letzteres ist von enormer Wichtigkeit, weil eine auch nur leichte Veränderung von Nervenreizen durch diese Verschiebung an allen möglichen Stellen des Körpers Unwohlsein zur Folge haben kann. Nicht zufällig heißt es in der traditionellen chinesischen Medizin: „Die Wirbelsäule ist das Haus der Seele."

In der Folge beziehe ich mich besonders auf das Immunsystem, das einen wesentlichen Anteil an der Erhaltung der Gesundheit hat: einmal durch Abwehr, sodass Krankheitserreger gar nicht erst zu einer nennenswerten Vermehrung kommen, und durch Vernichtung der Erreger.

Das Immunsystem ist nicht in einem Organ konzentriert, sondern besteht aus Einheiten, die sich in der Darmschleimhaut, in den Blutgefäßen, im

Knochenmark, in der Thymusdrüse, in den Mandeln, im Wurmfortsatz des Blinddarms, in den Lymphknoten usw. befinden. Die Funktion des Immunsystems ist in erster Linie, eingedrungene Krankheitserreger zu beseitigen, wie Bakterien, Parasiten, Pilze, Sporen, schädliche Einzeller und Viren. Außerdem werden Körperzellen beseitigt, die ihre Funktion nicht mehr erfüllen können: Beispielsweise sind sie überaltert oder durch Verbrennung oder Quetschung usw. geschädigt.

Eine wichtige Rolle spielen die Killerzellen. Sie gehören zur Gruppe der Leukozyten und töten Krankheitserreger ab. In den USA ist ein Medikament zugelassen, das menschliche Killerzellen zum Kampf gegen Krebszellen aktiviert.

Daneben gibt es Fresszellen (Phagozyten). Sie fressen auch verschiedene Parasiten, also schädliche tierische Ein- und Mehrzeller, dazu Pilze, Sporen, Viren und Teile von Körperzellen. Auch verletzte Körperzellen und Zellreste von Körperzellen, die sich selbst durch natürliche Selbsttötung (Apoptose) getötet haben, werden vertilgt. Entartete eigene Körperzellen wie Krebszellen oder sogenannte gutartige Wucherungen sind gleichfalls ihre Beute.

Bereits wenn man sich in einem entspannten Zustand die Fresszellen als zähnefletschende kleine Monster vorstellt, die Krankheitserreger und entartete Zellen fressen, kann das ausreichen, dass Fresszellen sich vermehren und ihre Aktivität erhöhen. Diese Methode wird „Visualisierung" genannt. Das bedeutet: bildliche Vorstellungen. Die bildliche Darstellung kann dabei ganz kindlich-traumhaft sein, so wie die folgende Abbildung:

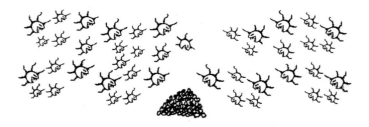

Das Immunsystem verfügt darüber hinaus über weitere Abwehrmittel, wie Antikörper (Immunglobuline), große Moleküle, die sich an Bakterien binden und dadurch diese Krankheitserreger unschädlich machen.

Wie sehr Vorstellungen und Glauben auf unser Immunsystem wirken, können wir an der Wirkung sogenannter Placebos feststellen, deren oft erstaunliche Erfolge sehr deutlich auf seelisch-körperliche Zusammenhänge hinweisen.

Die Apothekerin Melanie Iris Zimmermann, München, beschreibt diesen Effekt wie folgt: „Placebos sind Medikamente ohne Wirkstoff, die trotzdem eine Heilung hervorrufen können. Sie enthalten nur Füllstoffe wie Milchzucker und Stärke. Der erzielte Effekt wird Placebo-Effekt genannt nach dem lateinischen Ausdruck placebo, wörtlich: Ich werde gefallen. Was genau die Wirkung eines Placebos ausmacht, ist nicht bekannt; vermutlich sind es die Selbstheilungskräfte des Körpers, die wiederum durch den Glauben an das Medikament hervorgerufen werden."

Placebo-Effekte können auch erzielt werden durch feierliche Handlungen mit Feuer und aromatischem Rauch. Auch Gesänge, Zaubersprüche, Handauflegen, religiöse Zeremonien usw. sind geeignet.

Killerzellen vermehren sich extrem rasch, wenn Verletzungen und damit Infektionen erwartet werden, beispielsweise weil ein Sturz möglich scheint. Sich einen Sturz vorzustellen, ohne dass eine wirkliche Gefahr besteht, ist oft ausreichend, um diese schnelle Vermehrung in Gang zu setzen. Dass im Körper ordentlich etwas vor sich geht, spüren wir meistens schon recht deutlich, wenn wir vom Flachdach eines Hochhauses in die Tiefe schauen. Dass sich das Abwehrsystem zum Kampf vorbereitet, spüren wir nicht direkt, aber einige Körperreaktionen spüren wir direkt, beispielsweise in den Kniekehlen.

Auch ganz geringfügige Wunden führen bereits dazu, dass sich Killerzellen vermehren und das Immunsystem aufrütteln. Dies könnte auch erklären, weshalb so oft kleine Verletzungen in Kauf genommen oder gesucht werden. Dabei denke ich an Neuraltherapie, Akupunktur, Piercings, Schönheitszeichen einiger Eingeborener, wie Ziernarben oder Holzkeile durch Nase oder Ohren gesteckt, Tätowierungen, einige sexuelle Praktiken und verschiedene Sportarten. Auch Überwärmung durch Schwitzpackungen, durch Sauna oder Hyperthermie regt das Immunsystem an.

Gesunde Lebensweise und Immunsystem

Das Immunsystem arbeitet nur intensiv, wenn es im Falle einer Infektion schnell und mit voller Kraft reagiert. Dazu ist eine generelle Fitness wichtig, die beispielsweise durch die im Folgenden beschriebenen Lebensweisen erreicht wird:

- Bewegung: Spazierengehen, Jogging, Radfahren, Schwimmen, Tanzen und Sport (ausge-

nommen ist Hochleistungssport, der im Allgemeinen das Immunsystem schädigt – ganz zu
schweigen vom Doping)

- volle Atmung

- rechtzeitiges Ausruhen

- gesunde Ernährung

- Ausdrücken der Gefühle: lachen und weinen,
  schreien und gestikulieren

- Erleben von Zärtlichkeit und Lust, einschließlich Selbstbefriedigung

- Kontakte: Gespräche, Umarmungen, Zärtlich-
  keiten, Gesang in der Gruppe, Spiele usw.

- Vermeiden von Fettsucht, Magersucht, Miss-
  brauch von Alkohol, Tabak, Drogen, Überlastung oder zu großer Passivität usw.

Fitness durch Grenzsituationen

Ziel meiner Grenzsituations-Trainings war es, den
Teilnehmern Gelegenheit zu geben, ihre Angst zu
akzeptieren, sozusagen Freundschaft mit der
Angst zu schließen und Mut einzuüben. Ein
Mensch kann ja nur mutig sein, wenn er Angst
hat. Wer sich nie fürchtet, kann keinen Mut trainieren. Dafür mussten Situationen angeboten

werden, die gefährlich wirken, aber nicht wirklich gefährlich sind. Wichtig ist dabei, dass kein Kursteilnehmer gedrängt wird, mitzumachen. Im Gegenteil, es gilt die Regel: Jeder hat das Recht, eine Übung abzulehnen, ohne dass von den Trainern noch von anderen Mitgliedern der Gruppe deshalb gerügt wird. Das gilt besonders auch für indirekte Rügen durch Ironie. Manchmal gehört ja mehr Mut dazu, zu sagen: „Ich habe Angst und deshalb entscheide ich mich, diese Übung nicht zu machen", als mitzumachen und dem Gruppendruck nachzugeben.

Es folgen Bilder von Grenzsituations-Trainings auf Mallorca: Das erste Bild zeigt, wie ich demonstriere, dass es **nicht** auf Können und Eleganz ankommt, sondern nur auf die Übung, die jede Person macht, so gut sie das derzeit eben kann.

Das zweite Foto zeigt eine Kursteilnehmerin, die mit Mut und mehr Eleganz ins Meer springt.

Das dritte Bild zeigt eine andere Übung mit der gleichen Zielsetzung wie die vorherigen Aufgaben. Hier ist es klettern und abseilen.

Auch Gleitschirmsegeln, Wildwasserfahren und ähnliche Übungen gehörten manchmal dazu. Dabei war es immer Aufgabe der Trainer, keinen Druck auszuüben und auch zu verhindern, dass ein Teilnehmer sich selbst überfordert. Es zeigte sich, dass viele Kursteilnehmer später weitere Sportmöglichkeiten nutzten, für die sie vorher kein Interesse gezeigt hatten. Sie fanden diese Art von Auffrischung als sehr wohltuend und genossen den Reiz.

Meine Grenzsituations-Trainings waren in erster Linie darauf ausgerichtet, Freundschaft mit der Angst zu schließen, aber es wurde gleichzeitig die gesamte Person einschließlich des Immunsystems trainiert, um schneller und stärker zu reagieren. Durch die erhöhte Fitness dieses Systems wird Selbstverstrauen unterstützt, wird die Chance erhöht, Krankheitserreger und entstehende Krebsherde sofort und energisch zu bekämpfen.

Bei solchen Trainings entsteht kurzfristiger Stress, der beispielsweise schnell zu einer Erhöhung von Killerzellen und Fresszellen im Blut führt. Die generelle Reaktionsbereitschaft des Immunsystems wird gefördert. Das erscheint mir wichtig, weil unsere Lebensweise in den Industrieländern oft dazu führt, dass es zu träge wird. Dadurch neigt es dazu, verspätet und schwach zu reagieren.

Voraussetzung ist natürlich, dass es sich um eine Erkrankung handelt, mit der unser Immunsystem überhaupt fertig oder schnell genug fertig werden kann. Es gibt Erreger, für die erst Fresszellen und Killerzellen vermehrt und außerdem „angelernt" werden müssen. Bei einigen verheerenden Seuchen war es oft zu spät, sodass der Tod eintrat, bevor das Immunsystem fit war. Der Erreger hatte umso mehr Chancen, wenn die Abwehr bereits schwach oder verspätet reagierte. Erfreulicherweise können schlimme Krankheiten durch das Anlernen des Immunsystems sehr mild verlaufen oder sogar ganz vermieden werden.

In manchen Fällen wird der Vorteil dieses Anlernens wieder vollständig abgebaut, wenn die Gefahr vorbei ist. Bei der nächsten Infektion der gleichen Art ist also kein Programm vorhanden. Es vergeht leider wieder wertvolle Zeit, bevor die Abwehr voll einsatzfähig ist.

Sehr deutlich wurde mir die Wirkung dieses Anlernens, als ich Ende der fünfziger Jahre Amerikaner der Mittelklasse in Indochina traf. Durch eine überzogene hygienische Lebensweise bereits in ihrer Kindheit waren sie für Ansteckungen anfälliger als Europäer. Sie hatten ihr Immunsystem weniger trainiert. Die Europäer waren meistens in einer weniger hygienischen Umgebung aufgewachsen. Als wir Kinder waren, hoben wir beispielsweise ein Bonbon, das uns aus dem Mund gefallen war, aus dem Schmutz auf und steckten es wieder in den Mund.

Übrigens gibt es aus meiner Sicht ein natürliches Fitness-Training für unser System: einmal im Jahr eine Erkältung. Hier scheint es wieder einen Widerspruch zu geben: Viele Krebskranke haben keine Erkältungen oder nur geringfügige Symptome.

Gesunde dagegen oft bedeutende Erkältungen mit starkem Husten und lästigem Schnupfen. Wie ist das zu erklären? Nun, die Erkältung selbst kann mit einem Immunsystem, das nur auf niedrigem Niveau arbeitet, ganz gut bekämpft werden. Starke Symptomatik deutet jedoch darauf hin, dass das Immunsystem eine hohe Reaktionsfähigkeit hat, höher als eigentlich für eine Erkältung notwendig wäre. Sozusagen eine leichte Überreaktion, die man auch als allergisch ansehen kann, Und das ist im Falle vieler schwerer Krankheiten ein Vorteil.

Naturheilkundliche Methoden

Unser Immunsystem sollte also generell, das heißt auf alle Arten von Bedrohung, schnell und kraftvoll reagieren. Dies wird durch Trainings erreicht, wie das, welches in den obigen Bildern gezeigt wird. Auch durch Salben und Pflanzen-extrakte kann es angeregt werden. Ein Beispiel sind Extrakte der Blume Purpursonnenhut (Echinacea purpurea), die durch ihre begrenzte Giftwirkung das Immunsystem zu hohen Leistungen anreizt.

Diese Methode wird besonders in der Naturheilkunde häufig eingesetzt. Schon Indianer kannten und benutzten diese Eigenschaft und verhinderten so langwierige Vereiterungen nach Verletzungen. Natürlich gibt es noch viele andere Stoffe mit dieser Wirkung. In den tropischen Ländern sind Speisen mit extrem scharfen Gewürzen üblich, die durch Reizung anregend auf das Immunsystem, insbesondere im Verdauungstrakt, wirken.

Statt einer umfassenden kann auch eine spezifische Stärkung angestrebt werden, also dass das System nur für bestimmte Krankheiten angekurbelt wird. Das geschieht bei Schutzimpfungen.

Bei der sogenannten aktiven Impfung wird der Impfstoff in Form abgeschwächter, abgetöteter oder in Teile zerlegter Krankheitserreger eingebracht. Oder es werden entsprechende Gifte verdünnt in den Körper geleitet. Ziel ist es, das körpereigene Immunsystem anzuregen, Antikörper, Killerzellen, Fresszellen usw. zu bilden. Dadurch wurde die Reaktionszeit gegen eine bestimmte Gruppe von Erregern stark verkürzt.

Dies war beispielsweise bei Pockenimpfungen sehr erfolgreich. Im Wortsinn sind solche Impfungen „homöopathisch". Das Wort „Homöopathie" (von griechisch homoios = ähnlich und pathos = Leiden) bedeutet, dass eine Krankheit geheilt wird, indem ein Erreger, der dem der Krankheit ähnlich ist, in das System eingeführt wird. Dadurch werden entsprechende Abwehrkräfte „angelernt", und Krankheiten schnell und energisch bekämpft. Die bei den Pockenimpfungen verwendeten Kuhpocken waren den menschlichen Pocken ähnlich genug, um die Abwehr zu trainieren, aber nicht so ähnlich, dass durch die Impfung Lebensgefahr ausgelöst wurde. Der zu Impfende musste allerdings einigermaßen gesund sein.

Derzeit wird daran gearbeitet, auch bei Krebs das Immunsystem durch Impfung zu trainieren: Göttinger Forschern ist es bei Mäusen gelungen, natürliche Killerzellen gezielt für die Vernichtung von Krebszellen anzuspornen. Dies eröffne neue Perspektiven für die Immuntherapie bestimmter Krebsarten, sagte der Immunologe Ralf Dressel von der Göttinger Universitätsmedizin. Die natürlichen Killerzellen wurden durch das Stressprotein HSP70 angeregt, das von den Krebszellen produziert wurde.

Die so aktivierten Killerzellen erkennen die Krebszellen und töten sie. Dies habe bei Mäusen funktioniert. Die Forscher untersuchen nun, ob das Stressprotein der Krebszellen von Mäusen auch menschliche Killerzellen aktivieren kann. Wie erwähnt gibt es derzeit bereits ein Medikament in den USA, das einen ähnlichen Effekt benutzt.

Der Kampf gegen den eigenen Körper

Was ich bisher beschrieben habe, könnte den Eindruck erwecken, als ob wir mit einer sehr aktiven Selbstheil-Organisation, und insbesondere mit einem hochgepeitschten Immunsystem, den Weg zu einer idealen Gesundheit beschreiten.

Leider ist dem nicht so. Einmal ist da der Alterungsprozess, auf den ich später noch eingehe, und die Überlastung des Körpers durch Leistungssport, Überarbeitung, falsche Ernährung usw. Immer wieder entstehen außerdem neue Krankheitserreger. Neue Zusätze zu unseren Lebensmitteln können unser Immunsystem negativ beeinflussen. Auch die Verseuchung der Gewässer bedroht unser Immunsystem. Die verpestete Luft durch manche Industrien ist ebenfalls krankheitsfördernd.

Beispielsweise ist es auch möglich, dass wir in einen Arbeitsrausch verfallen oder beim Sport die Erschöpfung nicht mehr merken. Die gesunde Bremsfunktion des Nervensystems wurde übergangen. Etwas Vergleichbares geht scheinbar auch im Immunsystem vor. Dort scheint es, dass manchmal ein extrem aktives Immunsystem überreagiert. Im Eifer des Gefechts wird nicht mehr zwischen Freund und Feind unterschieden. Das Resultat sind sogenannte Autoimmunkrankheiten.

Hierzu zählen die Allergien, die bis zum Tode führen können (durch einen sogenannten anaphylaktischen Schock). Zu den Autoimmunkrankheiten gehören sehr schmerzhafte Gelenkentzündungen (Arthritis), die letztlich zu einer Degeneration der Gelenke führen (Arthrose). Ja, die Angriffe des Immunsystems können sich fast gegen jeden gesunden Teil des eigenen Körpers richten. Die Deutsche Gesellschaft für Autoimmunkrankheiten hat über 60 Krankheiten aufgelistet, die durch eine Fehl- oder Überreaktion des Immunsystems verursacht werden.

Die Naturheilkunde, die durch Hitzebehandlung das System in Schwung bringt, hat hier auch ein Gegenmittel: den Kälteschock. Die Bäder im Eismeer oder in Flüssen oder Seen, deren Eisdecke erst aufgehackt werden muss, damit man ins eiskalte Wasser gehen kann, sind in manchen Gegenden recht beliebt. Von der modernen Technik werden jetzt Kältekammern angeboten, in denen mit Temperaturen von mehr als hundert Grad unter Null Erfolge erzielt wurden.

Natürlich gibt es auch Medikamente wie Cortison, die einen Angriff des Immunsystems sehr schnell bremsen, aber, wie wir uns denken können, kann eine zu starke Bremsung wieder die Abwehr von Infektionskrankheiten beeinträchtigen.

Andere Krankheiten

Es gibt Krankheiten, die nicht auf einer Infektion oder auf schädlichem Zellwachstum beruhen. In diesem Fall ist nicht das Immunsystem, sondern sind andere Funktionen der Selbstheil-Organisation gefordert.

Das kann aufgrund einer Überlastung, einer Vergiftung, falscher Ernährung und von Störungen der Körperfunktionen, beispielsweise wegen zu starker oder zu schwacher Muskelspannungen sein. Das ist oft der Fall bei Hexenschuss, der durch die Bewegungshemmung und die starken Schmerzen fast jede Arbeit, aber auch Spiel und Sport, unmöglich macht. Zu diesen funktionellen Krankheiten können auch Krämpfe, Bluthochdruck usw. gehören.

Etwas Ähnliches gilt für viele Drüsenfunktionen, beispielsweise kann Zuckerkrankheit entstehen, nicht weil die Inselzellen der Bauchspeicheldrüse zerstört sind, sondern weil ihre Funktion behindert ist.

Bei Zuckerkrankheit veranlasst die Selbstheil-Organisation meistens eine Zusatzproduktion von Mundspeichel. Das verkleinert das Problem.

Notwendig dafür ist eine Vergrößerung der Speicheldrüsen im Mund. Wir können das an den „Hamsterbäckchen" erkennen, die Zuckerkranke durch die vergrößerten Drüsen ausbilden.

Genauso wie eine zu große Bremsung kann eine Überproduktion von Drüsenausscheidungen zu gesundheitlichen Problemen führen.

Muskelspannungen können durch Training gezielt abgebaut werden. Hier ein Beispiel für diesen Lernprozess durch Biofeedback. Das heißt, wenn ich durch meine Vorstellungen eine Änderung von Anspannung erreiche, bekomme ich die Rückmeldung durch ein elektronisches System.

Um diesen nicht immer leichten Lernprozess zu unterstützen, baute ich 1979 die folgende Versuchsanordnung für junge Klienten. Der Jugendliche auf dem Bild hat eine Mess-Elektrode an einem Finger und eine zweite Elektrode an einem anderen Finger. Jetzt kann der elektrische Widerstand der Haut zwischen den beiden Fingern gemessen werden. Wenn die Muskelspannung hoch ist, ist der Hautwiderstand gering. Wenn der Jugendliche die Erhöhung des Hautwiderstandes erreicht, geht die Muskelspannung automatisch zurück. Damit wird eine Entspannung bewirkt.

Sobald ein bestimmtes Niveau der Entspannung erreicht ist, geht bei der gezeigten Versuchsanordnung der Scheinwerfer der Spielzeug-Lokomotive an und sie fährt los. Steigt die Spannung wieder, bleibt die Lokomotive stehen und der Scheinwerfer schaltet ab.

Lokomotive

Da eine solche Anordnung interessant ist, wird der Lernprozess zum Spiel und ist interessanter als eine Anzeige in Zahlen oder in Lichterketten.

Nehmen wir einen anderen Fall: Migräne. Da die Nervenzellen des Gehirns keine Schmerzempfänger haben, kommt der Schmerz nur aus den schmerzempfindlichen Zellen der Wände der Blutgefäße. Sie werden aktiviert, wenn eine Ader zu sehr geweitet wird.

Das kann dadurch geschehen, dass die Muskelspannung am Eintritt der Ader gering ist, am Austritt aber sehr hoch, sodass der Druck auf dieser Strecke erhöht, dieser Teil sozusagen aufgepumpt wird. Das führt zu starken Schmerzen und kann auch Sehstörungen, Erbrechen, Verdauungsprobleme usw. hervorrufen.

Diese Erweiterung geht logischerweise zurück, wenn die Muskelspannung am Ausgang verringert wird, denn nun kann das Blut ja normal abfließen.

Um das verhältnismäßig leicht zu lernen, gibt es Biofeedbackgeräte, die den Durchmesser der Ader auf einem Bildschirm für den Patienten so anzeigen.

Nachdem der Patient sich in einem entspannten Zustand vorgestellt hat, dass sich der Durchmesser dieser Ader verringert, funktioniert das tatsächlich. Der Patient sieht nach einiger Übung auf dem Bildschirm des Gerätes folgendes Bild:

Während der Sitzung wird dauernd der Durchmesser des Blutgefäßes mit Ultraschall gemessen und auf dem Bildschirm dargestellt, sodass der Patient die ganze Zeit seine Fortschritte überprüfen kann.

Sobald die Spannung des Eingangsschließmuskels am Anfang der Strecke des aufgepumpten Blutgefäßes erhöht wird oder der am Ende der Strecke befindliche Schließmuskel gelockert wird (oder beides gleichzeitig geschieht), verringert sich der Durchmesser des Gefäßes. Schmerzen und das sonstige Unwohlsein hören rasch auf.

Sobald der Patient das eingeübt hat, kann er die Entspannung auch ohne Gerät erreichen. Selbst seine Arbeit kann er unterbrechen, sobald er eine Migräne kommen spürt, und in wenigen Minuten die gelernte spezielle Entspannung erreichen. Es ist wichtig, eine Ruhepause folgen zu lassen oder mindestens eine Verringerung des Arbeitstempos. Die Migräne hatte ja auch eine positive Funktion: eine schädliche Überlastung zu verhindern!

Die früher beschriebene Heilung durch Neuentscheidung geht einen Schritt weiter, weil dadurch die Neigung zu Überlastungen abgebaut wird. Die „Notbremse" des Migräneanfalls ist dann überflüssig. Die Regelung gegen eine zu hohe Anspannung ist notwendig, weil wir manchmal in einer Art Arbeitsrausch oder auch Sportrausch die normalen Signale des „Es ist genug!" gar nicht mehr wahrnehmen. Es müssen auch nicht immer zu große Anspannungen wegen zu großer Belastung sein, die hier eine Rolle spielen. Eine zu große Belastung kann schon entstehen, wenn jemand Widerwillen oder Angst vor einer Tätigkeit (auch vor Sex) hat, sich aber nicht traut, das klar zu äußern.

Bestimmte Muskelspannungen können große Schmerzen bereiten, wie das beim Hexenschuss (Lumbago) der Fall ist. Hier wird ein Wirbelkörper der Wirbelsäule in einer ungünstigen Position festgehalten. Wenn diese falsche Muskelspannung gelöst wird, verschwindet das Problem von einer Sekunde zur anderen. Wenn die falsche Spannung nicht beseitigt wird, können sich viele andere Probleme ergeben. Erfreulich ist, dass die Selbstheil-Organisation meist automatisch zu arbeiten beginnt. Viele Hexenschüsse verschwinden nach einigen Tagen der erzwungenen Schonung von selbst.

Eine ungünstige Drüsentätigkeit, schädliche Muskelspannungen und Behinderungen oder Überreaktionen des Immunsystems können Schutzfunktionen sein. Sie sind also in vielen Fällen sozusagen auf einen uns nicht bewussten „Befehl" des Zentralnervensystems zurückzuführen.

Wie sieht es nun aus mit der Selbstheilung bei seelischen Problemen? Nun, einmal haben wir eine natürliche Heilungstendenz auf lange Sicht. Das Sprichwort „Die Zeit heilt alle Wunden" drückt das aus. Dann gibt es Träume, die uns manchmal den Weg aus der Sackgasse aufzeigen, auch wenn wir nicht wissen, was wie passiert. Ebenso gibt es eine Heilungsmöglichkeit, indem wir über die Probleme sprechen, selbst indem wir beichten und Buße tun, auch indem wir verzeihen. Und natürlich die Methoden der Psychotherapie. Sie werden durch die Zusammenarbeit von Neurologen, Psychotherapeuten, Psychiatern,

Ärzten, Heilpraktikern, Fachleuten der Elektronik und Messtechnik immer besser werden. Man könnte sagen, dass sie der erwähnten Selbstheil-Organisation immer deutlicher und mit frischen Ideen zuarbeiten.

SCHLUSSWORT

Bei der Depression mag es uns manchmal vorkommen, als wenn wir wie ein Insekt im Netz einer Spinne zappeln und keine Chance haben, uns zu befreien, bis der Tod uns endlich erlöst.

Das gibt es auch bei vielen anderen Beschwerden, von der Schwierigkeit des Umgangs mit anderen Menschen bis zu Schmerzzuständen und Krankheiten.

Das muss nicht so sein. In sehr vielen Fällen können wir mit unserem Mut, Verstand und Einfallsreichtum, mit unserer Energie und Offenheit Probleme so abbauen, dass Lebensqualität kein Fremdwort mehr ist.

Um beim Bild des Spinnennetzes zu bleiben: Damit diese Arbeit erfolgreich verläuft, ist es allerdings notwendig, zu wissen, dass das Netz aus zwei verschiedenen Arten von Fäden besteht, den kräftigen und trockenen Haltefäden und den dünneren, feucht-klebrigen Fangfäden. Wenn wir im Netz zappeln, verfangen wir uns immer weiter in noch mehr Fangfäden. Behalten wir aber die Ruhe und schauen genau, wo die trockenen Fäden für das Gerüst des Netzes verlaufen und wo wir an den klebrigen Fangfäden hängen, haben wir eine bessere Chance. Wir müssen nur unsere Gliedmaßen von einem Klebefaden nach dem anderen ruhig und langsam entfernen, während wir uns an den nichtklebrigen anderen Fäden abstützen. Nach einer überschaubaren Frist sind wir frei. Die Spinne guckt dann mit all ihren acht Augen in das leere Netz, während wir fröhlich davonfliegen. Und wir merken auf einmal, dass wir gar kein Insekt sind.

LITERATUR

Bauer, J. (2007): **Prinzip Menschlichkeit**, Hoffmann und Campe Verlag, Hamburg.

Berne, E. (1966): **Principles of Group Treatment**, Grove Press Inc, New York.

Berne, E. (1975): **Was sagen Sie, nachdem Sie guten Tag gesagt haben?** Kindler, München.

Casriel, D. (1972): **A Scream away from Happiness**, Grosset & Dunlap, New York.

Goulding, M. and Goulding, R. (1979): **Changing Lives through Redecision Therapy**, Brunner/Mazel, New York.

Hüther, G., Krens, I. (2005): **Das Geheimnis der ersten neun Monate – Unsere frühesten Prägungen**, Patmos Verlag GmbH & Co, Düsseldorf, Zürich.

Janov, A. (1973): **Der Urschrei**, S. Fischer Verlag, Frankfurt am Main.

Jursch, G. (1998): **Un modelo del desarrollo de la personalidad y su relación con los órganos psíquicos**. Revista de Análisis Transaccional y Psicología Humanista, XXXIX.

Jursch, G. (2008): **Informationen und Gedanken zum Selbstheilungs-System**. Freie Psychotherapie, Verband freier Psychotherapeuten. MMVIII-II.

Krens, I., Krens, H. (2006): **Risikofaktor Mutterleib – Zur Psychotherapie vorgeburtlicher Bindungsstörungen und Traumata**, Vandenhoeck & Ruprecht, Göttingen.

Nesse, R., Williams, G. (1994): **Why we get sick. The new Science of Darwinian Medicine,** Times Books, Random House, New York.

Newman, M., Berkowitz, B. (1974**): How to be your best friend**, Pan Books Ltd, London.

Schlegel, L. (1987): **Die Transaktionale Analyse,** Franke Verlag, Tübingen, Dritte Auflage. *Es ist eine sorgfältige Gesamtdarstellung der Transaktionsanalyse. Es werden unter anderem die Begriffe „Erlaubnis", „Neuentscheidung", „Skript", „Notausstiegsvertrag" usw. dargestellt.*

Woolams, S., Brown, M. (1978): **Transactional Analysis,** Huron Valley Institute, Dexter.

Blech, J. (2005): **Heillose Medizin,** S. Fischer Verlag, Frankfurt am Main.

Der Autor wirft einen Blick auf die Möglichkeiten der Betrachtung von Krankheiten und von Heilungen, die bisher noch zu wenig beachtet werden. Er bringt ein Beispiel von „Placebo-Behandlung" bei Knieoperationen.

Der Chirurg teilte die Kandidaten für eine Meniskusoperation in zwei Gruppen ein, eine Gruppe, die wie üblich operiert wurde, und eine zweite: „Die anderen, die Patienten der Placebo-Gruppe indes, wurden mit einer Spritze in einen Dämmerschlaf versetzt. Sie erhielten ein starkes Schmerzmittel und wurden über eine Maske mit Sauerstoff versorgt. Moseley ritzte ihnen mit dem Skalpell drei kleine Wunden ins Knie und bewegte das Bein wie bei einer richtigen Operation. Ein Assistent goss Wasser in einen Eimer, um die Spülgeräusche zu simulieren. Auch wenn die Probanden schliefen, sollte alles so echt wie möglich wirken. Sämtliche Patienten wurden noch eine Nacht im Krankenhaus betreut und dann entlassen. Keiner erfuhr, was mit seinem Knie geschehen war. Es war aber auch egal: Zwei Jahre nach dem Experiment waren nahezu alle Patienten zufrieden mit dem Eingriff und in vielen Fällen froh, ihre Schmerzen losgeworden zu sein – egal, ob sie nun operiert worden waren oder nicht." (New England Journal of Medicine, 347, 2002, S. 81–88.)

Er weist auch auf eine andere Seite von Krebserkrankungen hin, die oft nicht gesehen wird: Finnische Mediziner entnahmen Toten, die an anderen Ursachen gestorben waren, die Schilddrüsen, schnitten aus ihnen alle 2,5 Millimeter jeweils eine dünne Scheibe heraus und untersuchten diese Proben mit dem Mikroskop: In 36 Prozent der Drüsen entdeckten sie bösartige Geschwülste. Fast alle Menschen haben irgendwo im Körper Krebszellen – und doch sind die allermeisten zugleich bei bester Gesundheit.

EIN THEORIE-HINWEIS

Für Personen, welche die Transaktions-Analyse
kennen, noch ein Wort, wie sich die drei Kreise
der transaktionsanalytischen Grafik der Ich-
Zustände in dem hier dargestellten Entwicklungs-
Modell wiederfinden. Zusammengefasst sieht das
so aus:

Freier Bereich = Erwachsenen-Ich

Erlebnis-Speicher = Verbindung von Eltern- und
Erwachsenen-Ich nach dem Struktur-Diagramm
zweiten Grades im Kind-Ich.

Genetischer Speicher = Der Kind-Ich-Anteil im
Kind-Ich zweiten Grades, der auch den „kleinen
Faschisten" enthält.

Folgende Grafik des **Strukturdiagramms zweiten
Grades** (Abb. 1 C) aus dem Buch: Was sagen Sie,
nachdem Sie guten Tag gesagt haben? von Eric
Berne[1] stellt dies anschaulich dar:

In dieser Grafik habe ich auf der linken Seite zusätzlich die Kategorien des Entwicklungsmodells
eingetragen. Der Erlebnis-Speicher ist die Zone,
welche neu programmiert werden kann, die also

---

[1] Eric Berne: *Was sagen Sie, nachdem Sie
guten Tag gesagt haben?*, S. 25, Kindler-
Verlag, München, 1975.

durch Neu-Entscheidung von der einseitigen alten Skript-Maßregel befreit werden kann. Der Genetische Speicher hingegen kann **nicht** durch Neuentscheidungen beeinflusst werden. Das ist in den meisten Fällen auch nicht nötig, weil ein günstiges Verhalten im Erlebnis-Speicher einen Einstieg in den Genetischen Speicher überflüssig macht.

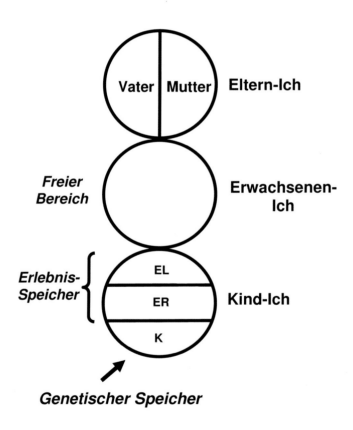

Die Zusammenfassung des im Kind-Ich enthaltenen Eltern-Ich und Erwachsenen-Ich gibt deutlich wieder, dass die Programmierung normalerweise **gleichzeitig** stattfindet: Das Kind erlebt eben alles zusammen: die Handlungsweise des Vaters (beispielsweise er schreit oder schlägt) und die kindlichen Reaktionen (Verspannung, Schmerz, Angst, Wut und Trauer).

Aufgrund der Grafik könnte der Eindruck entstehen, dass Eric Berne der Meinung war, dass nur elterliches Verhalten zu Entscheidungen führt, von denen wir hier sprechen. Das glaube ich nicht. Dass auch andere Ereignisse zu Schlussfolgerungen des Erwachsenen-Ich des Kindes führen können, liegt meiner Ansicht nach auf der Hand. Hier verweise ich auf das später folgende Beispiel des Zusammentreffens des Todes des geliebten Großvaters im Anschluss an das herrliche Kinderfest. Das wäre ein Beispiel für eine Entscheidung aufgrund eines Erlebnisses und einer kindlichen Schlussfolgerung ohne elterliche Beteiligung. Dass eine solche Schlussfolgerung und Entscheidung auch durch elterliche Erziehung mit beeinflusst sein kann, ist logisch.

Nach wie vor ist die grafische Darstellung der drei Kreise für Probleme der Gesprächsführung und viele andere Übungen unverzichtbar für mich. Für den zeitlichen Ablauf der Entwicklung empfehle ich hingegen mein Entwicklungsmodell. Ich fand leider keine Möglichkeit, den schichtweisen Aufbau der Informationspakete einschließlich der Entwicklung im Mutterleib und den ersten beiden Lebensjahren in der Grafik der Ich-Zustände darzustellen. Auch bestimmte Ergebnisse der Hirnforschung sind durch das Entwicklungsmodell leichter zu vermitteln.

Das gilt auch für die in unserer Zivilisation nicht erwünschten Eigenschaften unseres Genetischen Speichers. Der Ausdruck „Freies Kind-Ich" vermittelt nicht deutlich genug, die in der Tiefe unserer Seele schlummernden Antriebe zu töten, zu zerstören usw. Antriebe, die es wohl offenbar gibt, auch, wenn wir das nicht gern wahrhaben wollen.

LEBENSLAUF DES AUTORS

1927	Geburt in Bautzen
1944	Schule geschlossen, Arbeit in der Kriegsindustrie
1945–46	Soldat und Kriegsgefangener
1945	Abitur und Ausbildung als Schriftsetzer
1946	Verlassen der Sowjetzone
1948–49	Fremdarbeiter in französischem Stahlwerk
1950–73	Arbeit im Außenhandel von Industrieprodukten und ganzen Industrieanlagen, mit längeren Aufenthalten in Spanien, Nordafrika, Türkei, Indochina und Mexiko. Von 1961 an in eigener Firma, gleichzeitig Leiter der Aktionärsversammlung in einer Fabrik für didaktisches Spielzeug.
1973–75	Ausbildung als Heilpraktiker (staatliche Erlaubnis Dezember 1975).
	Psychotherapeutische Ausbildung (Abschluss als klinisches Mitglied der Internationalen Transaktionsanalyse-Gesellschaft, 1982).
1976	Eröffnung der Praxis im Raum München-Starnberg. Neben der Praxis: Coaching für Führungskräfte.
1996	Umzug nach Mallorca. Eröffnung der Praxis in Sóller.
2003	Neben der Praxis: Entwicklung meines Tele-Coaching. Es handelt sich um einen Internet-Fernkurs mit Übungen und Beratungen, die auf die Person jedes Kursteilnehmers abgestimmt werden.

Buch-Veröffentlichungen des Autors

1984   Kapitel: **MAKING FRIENDS WITH FEAR,** in: TA – The State of the Art, Foris Publications, Cinnaminson, USA/ Dordrecht, Holland.

1985   **KEINE ANGST VOR DER FREUDE,** Herder, Freiburg im Breisgau, ISBN 3-451-08239-X.

1989   Kapitel: **NOTAUSSTIEGE IN DER PRAXIS,** in: Lesebuch 1989, Institut für angewandte Psychologie, Transaktions-Analyse und Erwachsenenbildung.

1994   **DAS PRINZIP DER HEIMLICHEN FREUDE,** Kiessling, München,

           ISBN 3-930423-01-4.

2002   **DER LEBENSPLAN,** BoD, Norderstedt, ISBN 3-8311-0753-X.

2002   **EL ARTE DE ORGANIZARSE MEJOR** (DIE KUNST, SICH BESSER ZU ORGANISIEREN) Ediciones HI, Barcelona, ISBN 84-607-5244-5.

Veröffentlichungen in Fachzeitschriften (Auswahl)

1984   **Sexualität unter Stress,** Sexualmedizin, 13.

1988   **Effektiver arbeiten mit mehr Spaß,** Gestalttherapie und Gestaltpädagogik, Eurasburg.

2004   **Tele-Coaching,** Revista de Análisis Transaccional y Psicología Humanista, Madrid, No. 52.

2010   **Bloqueos y Liberación,** Revista de Análisis Transaccional y Psicología Humanista, Madrid, No. 62. (Im vorliegenden Buch wurde dieser Artikel verwendet.)